LÉON PARLON

DE

L'INGÉRENCE du CLERGÉ

DANS LA POLITIQUE

Le Cléricalisme, c'est l'ennemi !
[illegible]

1re ÉDITION

PRIX [illegible]

EN VENTE
Chez ALLEMANE, éditeur à Paris
51, Rue Saint-Sauveur, 51

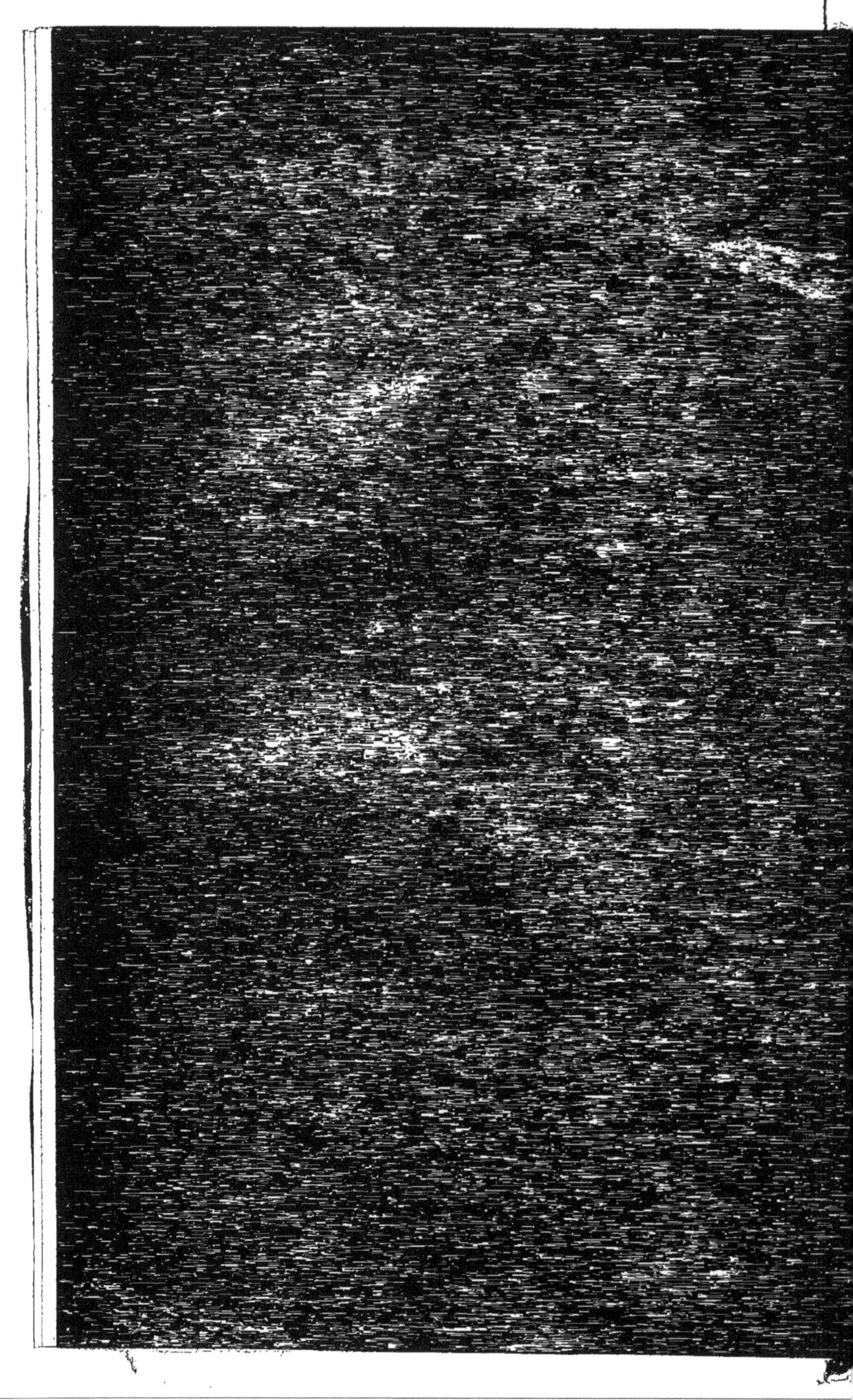

DE L'INGÉRENCE DU CLERGÉ

DANS LA POLITIQUE

LÉON PARLON

DE

L'INGÉRENCE du CLERGÉ

DANS LA POLITIQUE

« Le Cléricalisme, c'est l'ennemi! »
LÉON GAMBETTA.

Prix : 3 Fr.

EN VENTE
Chez ALLEMANE, Editeur à PARIS
51, RUE SAINT-SAUVEUR, 51

AVANT-PROPOS

Ce livre est l'œuvre d'un homme qui n'a fréquenté que de 7 à 12 ans l'école de son village. Ce n'est donc pas, ce ne pouvait pas être un chef-d'œuvre. J'ai fait ce que j'ai pu pour tirer le meilleur parti du peu d'instruction que j'ai reçue et je réclame à l'avance l'indulgence bienveillante du lecteur.

Mais si, dans ces pages, on ne trouve pas de fleurs de rhétorique, en revanche on y trouvera, exprimées avec autant de franchise que de bonne foi, les pensées d'un patriote qui a cru voir un immense danger pour son pays dans les dernières campagnes entreprises par le cléricalisme et par l'ultramontanisme qui, en vue de ressaisir le pouvoir, cherchent à s'emparer de l'éducation de la jeunesse française, tout en mettant obstacle aux progrès du libre examen et de la philosophie positive, en faveur de la méthaphysique et de l'ignorance.

Ayant pressenti le péril, je le signale, parce que c'est mon devoir ; en jetant un peu de clarté dans les ténèbres, j'ai conscience de faire une bonne action.

J'accomplirai donc ma tâche jusqu'au bout, sans me préoccuper des criailleries des ennemis du peuple.

Bénévent, le 14 juillet 1892.

LÉON PARLON.

DE L'INGÉRENCE DU CLERGÉ

DANS LA POLITIQUE

CHAPITRE Ier

DÉBUT DE L'ALLIANCE DE L'ÉGLISE ROMAINE AVEC LA FÉODALITÉ. — ABANDON DES PRINCIPES DU CHRIST

Une chose grave agite et préoccupe l'opinion publique en France : c'est la question du cléricalisme, c'est le duel entre la société libérale, laïque et l'ultramontanisme.

Quand, à son avènement, le christianisme eut apporté sur la terre la liberté, l'égalité, la fraternité, avec les maximes du Christ et la religion chrétienne, le peuple, qui jusqu'alors n'avait connu que l'esclavage, commença à s'acheminer vers l'indépendance individuelle. Pendant cette évolution, œuvre des premiers disciples de Jésus-Christ, il sentit qu'il avait besoin de puissants protecteurs contre les invasions perpétuelles des barbares.

Or, au milieu des forêts et des plaines toujours retentissantes des combats livrés aux envahisseurs et aux bandits, s'élevaient des donjons et des monastères renfermant, ceux-là, l'épée capable de frapper ou de protéger; ceux-ci, la croix d'où pouvait sortir soit la bénédiction, soit l'anathème (1).

Le pauvre peuple se donna alors en même temps à la croix et à l'épée; j'ai bien dit « il se donna », oui, mais à la croix humble et modeste, qui était celle des premiers apôtres de la religion du Christ, à cette croix de bois, à ce bâton du pèlerin, qui avait ébloui de son rayonnement l'humanité, que le prophète Jésus avait tirée de sa léthargie séculaire avec sa magique formule : « Liberté, Egalité, Fraternité ».

Il se donna de même à l'épée, tout entier, corps et âme. Alors, au lieu d'un maître, il en eût deux; il quittait le collier de l'esclavage pour prendre celui du servage. L'Eglise changea de rôle : de protectrice des pauvres et des déshérités, elle devint la complice des conquérants; elle partagea le pouvoir avec les barons

(1) Ces quelques lignes ont déjà été publiées en 1885, dans un petit opuscule intitulé : *Mes Conférences*.

et la féodalité, car elle se compromit en faisant un instrument de puissance personnelle de ce qui devait rester un moyen de protection pour les opprimés. Cela n'est pas douteux. Toujours est-il que depuis la séparation des pouvoirs, l'ensemble harmonieux du catholicisme, lequel n'est que le socialisme, dont le christianisme est la philosophie, s'est profondément altéré; d'où le malentendu qui existe et qui existera encore longtemps, malgré les avis de certains princes de l'Eglise, qui viennent hardiment de donner des avis et des conseils qui, hélas! ne seront pas suivis. Le mal réclame d'autres médecins que les cardinaux.

L'Eglise est inféodée aux gouvernants monarchiques; il lui faut bien longtemps pour se débarrasser de ses liens si lourds et si étroits, qu'elle sera fatalement entraînée dans la chûte des partis monarchiques. Le peuple — pourtant toujours si confiant et si bon — ne se trompe pas sur cette tactique. Heureusement pour lui, il voit clairement et sait discerner de quel côté sont ses amis ou ses adversaires.....

C'est pour mieux le fixer encore que j'ai écrit ce livre.

CHAPITRE II

DU CONCILE DE NICÉE ET DE L'ÉGLISE AU MOYEN-AGE

Le concile de Nicée fut organisé par Constantin et par la Papauté, en vue de fêter la victoire de la religion chrétienne sur le paganisme.

En 325, dans cette petite ville de Nicée, se réunirent trois cent dix-huit évêques de tous les pays catholiques. Ce fut là, ce fut par ce puissant aréopage, que fut prononcée la séparation des puissants avec les pauvres et les déshérités.

La croix de bois, la crosse de bois, c'est-à-dire le pauvre bâton du pèlerin qui avait conquis le monde à la religion du Christ, devint une crosse d'or; au modeste anneau de fer fut substituée la bague de diamant; là se scella l'alliance des défenseurs des pauvres avec les puissants de la terre; de là aussi, malgré les splendeurs de l'Eglise pendant tout le moyen-âge, date sa décadence.

En abandonnant les principes de son fondateur, la religion chrétienne préparait sa ruine; elle devait fatalement être bientôt abandonnée par ceux qui ne pouvaient l'approprier à leurs mœurs ou qui avaient à en souffrir.

Bonnemère dit à ce sujet :

« Alors fut consommée la séparation entre les déshérités de ce monde et les ministres du Christ; celui qui s'était glorifié du titre de serviteur des serviteurs de Dieu, se fit appeler Seigneur, et ne put, avec ses somptueux habits et sa suite nombreuse, franchir désormais le seuil modeste du taudis misérable où son nom avait été si longtemps béni.

» De leur côté, le pauvre, la vierge, la veuve et l'orphelin — ces trésors de la primitive Eglise — désapprirent le chemin de la maison de Dieu, devenue le palais épiscopal.

» Par une sorte de compromis bizare, le paganisme expirant abandonna au christianisme le côté religieux de la vie humaine, à la condition que celui-ci lui laisserait le côté social et politique, de telle sorte que la société païenne survécut à la religion fausse qui l'avait faite ce qu'elle était.

» Malgré les promesses divines, la terre continua de compter des juifs et des chrétiens, des esclaves et des hommes libres, des réprouvés et des élus, et subitement réconciliés avec le Mammon d'iniquité qu'ils avaient si longtemps poursuivi de leurs anathèmes, les ministres du Dieu de pauvreté désertèrent la cause des opprimés pour passer dans les rangs des oppresseurs.

» L'œuvre de rédemption annoncée au peuple par l'évangile fut abandonnée, et le code de l'affranchissement devint entre les mains des puissants de ce monde un instrument de tyrannie. »

On le voit : elle date de loin la séparation de l'Eglise et du pauvre. Il y a des siècles déjà qu'elle est consommée. Et ce fut la cause première de toutes les douleurs, de toutes les souffrances qu'endurèrent les déshérités pendant le moyen-âge et même jusqu'à la Révolution de 1789.

L'Eglise est seule coupable, seule responsable de tout le mal.

Le jour où elle abandonnait, pour le château, la chaumière, le taudis du malheureux, elle portait une mortelle atteinte à l'œuvre de rédemption de celui qui était mort pour le peuple en défendant les sublimes doctrines qui auraient dû faire le bonheur de l'humanité.

La décadence de l'Eglise romaine date de ce jour, néfaste pour le pauvre, pour le peuple, pour les paysans, qui devaient en être les victimes pendant plus de quatorze siècles; néfaste pour la religion du Christ elle-même, car en désertant la cause du peuple, en reniant ses promesses, en mentant à son origine, à sa raison d'être, elle s'exposait fatalement à être combattue par tous ceux qui devaient souffrir de son changement de rôle.

Aussi allons-nous voir ce qu'elle a fait depuis cette

époque pour le peuple, les humbles, les pauvres et les opprimés.

CHAPITRE III

L'ÉGLISE AU MOYEN-AGE. — SON ROLE ENVERS LE PEUPLE

Dans cette grande curée du moyen-âge, chacun avait donné son coup de dent et déchiré la France suivant la force de sa mâchoire. Les lions avaient pris les provinces; les loups s'étaient attribué les districts et les cantons; les renards s'étaient contentés des bourgs et des villages. Les sires avaient conclu soit entre eux, soit avec les évêques et les abbés, des traités d'association et de partage. Il y eut donc des seigneurs et des co-seigneurs; il y eut le fief dominant, le fief suzerain et des fiefs servants; il y eut le seigneur foncier, primfief, vicomtier, taillablier, subalterne, entremoïen, droiturier, domanier, censable, blaïer, bordelier, etc. Chacun d'eux pesa, d'un poids différent — mais lourd toujours — sur les malheureux habitants des campagnes. Tandis que le serf des domaines royaux n'a qu'un maître, il est tel habitant d'une mince châtellenie qui peut en compter jusqu'à vingt et quelquefois davantage.

Chacun alors se forgeait des droits pour lui-même, se taillant une puissance et une domination dans l'asservissement général, d'autant plus libre qu'il était plus fort. Les frères comme les étrangers se rendaient feudataires les uns des autres, dans un but de protection réciproque envers et contre tous (1). « Jamais chrétiens ne furent plus fortement croyants que ces hommes du moyen-âge, et cependant une ardeur effroyable d'inégalité semblait s'être emparée de ces fils d'une religion si merveilleusement égalitaire et fraternelle qui, à ses débuts, avait promis l'extinction du dévitisme aussi bien que du paupérisme, faisant, au contraire, de la hiérarchie à rebours, dépouillant les riches pour combler les pauvres, et ne plaçant au-dessus des autres que celui-là seul qui se faisait le serviteur de ses frères. On exagéra toutes les distances sociales. On forgea des mots nouveaux pour exprimer des situations nouvelles. Les Romains avaient connu les *pauperes* et les *potentes*, le moyen-âge inventa les *præpotentes* et les *paupercules*. Il y eut des soubz-manants, comme il y avait des seigneurs-servants. Il y eut des esclaves d'autres esclaves; et, de même qu'il y avait des seigneurs suzerains, il y eut, parmi les serfs, des maires *(majors)* préposés

(1) Bonnemère.

à l'administration des domaines. Cette race de parvenus abusa vite de l'autorité qu'on lui abandonnait. Déjà, au Xe siècle, elle s'exerce aux armes et se livre à l'exercice de la chasse; elle s'enrichit au milieu de la détresse générale. N'est-ce pas la souche de cette bourgeoisie ambitieuse qui tout à l'heuve va tenir tête à la féodalité?

Voilà par quelles circonstances le peuple se trouva, pendant tout le sombre moyen-âge et jusqu'au XVIIIe siècle, grâce à l'aide et à la complicité de l'église, sous la complète dépendance de l'aristocratie et des abbés. Mais il faut, pour compléter ce tableau, raconter les souffrances de nos pères pendant ces siècles maudits.

CHAPITRE IV

DES SOUFFRANCES DU PEUPLE AU MOYEN-AGE

Dès que l'alliance entre l'aristocratie et le clergé fut un fait accompli, la société changea de face. Comme aux jours de l'esclavage romain, le maître posséda son serf, corps et bien. Il s'était arrogé le droit de le vendre, de le donner, de l'échanger au gré de ses caprices; il pouvait le revendiquer partout où il pouvait se cacher, pour essayer de se soustraire aux mauvais traitements; le maître disposait du serf comme d'un animal domestique.

L'église avait les mêmes droits que le seigneur. Les exemples abondent : l'évêque d'Avranches donna cinq femmes et deux hommes en échange du cheval qu'il montait, lors de son entrée dans son diocèse. Un évêque de Soissons troqua également cinq serfs de ses terres contre un palefroi dans un marché semblable.

Le doux, charitable et humain Baukin, duc de Soissons, fit enterrer vivants un serf et une serve qui s'étaient permis de se marier sans son consentement.

Grégoire de Tours raconte des faits tout aussi atroces d'un évêque du Mans (Bertram). Souvent, dans les contrats, l'objet essentiel n'était plus la terre, mais le paysan, le serf, l'esclave, en un mot, l'homme qui était vendu avec toute sa famille.

Du xe au XIIIe siècle, dans les ventes, les contrats, les échanges, ce sont tantôt des serfs possédés en commun par plusieurs seigneurs ou abbés que l'on partage avec leurs enfants; tantôt on traite de l'échange de la moitié d'une femme contre la moitié d'un homme. La créature humaine n'est plus qu'un objet de négoce, qu'une dépendance de la glèbe, une monnaie entre les mains des seigneurs et des moines.

On vend un domaine avec ses dépendances, bestiaux, cheptel, manants, serviteurs, charrues, etc. Les paysans, nos pères, n'étaient plus qu'un vil objet de commerce. On fait tout pour rappeler la déchéance de Jacques Bonhomme. Son nom d'homme, son nom de famille même lui est enlevé : il est « homme de corps », « homme de pâtée », « homme de main-morte ». Ce dernier nom vient de l'usage odieux de couper la main droite d'un serf décédé pour la présenter au seigneur ou à l'abbé qui, de ce moment, s'emparait de tous ses effets, au préjudice et à l'exclusion de ses enfants. Puis, comme il fallait faire quelque chose de cette main, le seigneur ou l'abbé la faisait clouer à la porte de son donjon ou de son château, à côté de la patte de quelque loup ou de la tête de quelqu'autre animal sauvage tué à la chasse.

Le paysan ne possédait rien; il n'avait le droit de rien posséder. C'était la bête de somme sur laquelle tous frappaient. Personne ne songeait à le protéger. Ses défenseurs naturels — ceux que les lois de l'Eglise primitive avaient désignés pour être son appui, son soutien — changeant de rôle, étaient devenus ses pires ennemis, car ils avaient bénéficié de la plus large part dans le partage infâme du pouvoir et de la domination exercés sur le peuple des campagnes.

D'après *Baumanoir*, — « au sujet de la situation des serfs, des paysans, les Sires — dit-il — peuvent prendre tout ce qu'ils ont, à mort et à vie, et jeter leur corps en prison, toutes les fois qu'il leur plaît, à tort et à droit, sans qu'ils n'en doivent d'autre compte qu'à Dieu. »

Quand j'entends les écrivains du clergé dire : « C'étaient des pauvres, des paysans qui se fixaient autour des prieurés, de ces essaims coloniaux, que les Moustiers, les abbés versaient au loin dans la campagne, faisant à tous (dans le principe) l'aumône du pain, de la prière et surtout du travail ; c'étaient de pauvres paysans qui fuyaient la tyrannie du baron impitoyable et qui se faisaient serfs de l'Eglise, préférant à la lance du maître l'excommunication de l'abbé, *excommunication qui ne pouvait être levée que moyennant finance*. Le couvent ne perdait en aucune circonstance les moyens de lui être utile ; les abbés avaient bien soin d'entretenir ces malheureux paysans dans le saint état de la pauvreté évangélique, tandis qu'eux se payaient de grosses prébendes.

Eternellement pauvres d'état et de nom, telle est l'appellation qui demeurera la leur, tant elle est juste.

Jusqu'aux derniers jours de la monarchie, les historiens, les légistes, les orateurs des Etats généraux, les cahiers des différents Ordres et, à la veille de la convocation des Etats généraux de 1789, les ordonnances royales, n'appellent jamais les paysans autrement que « le pauvre peuple », « les pauvres sujets », « les pauvres laboureurs », « les pauvres gens du plat pays ».

Il est bien certain que la cause principale de l'asservissement volontaire du peuple fut inspirée par la piété. Les paysans — les nouveaux convertis — et encore ceux qu'affranchissaient les seigneurs, ceux aussi qui émigraient pour échapper aux vengeances, aux représailles, s'empressaient de donner leurs terres aux moines et d'abdiquer leur liberté entre leurs mains. Beaucoup, parmi eux, croyaient participer, grâce à leur servitude, à la sainteté des églises.

D'après Bonnemère, — « Saint Martin acquit de cette manière un nombre prodigieux de serfs. La ville d'Altrecte se donna à lui toute entière, avec son territoire. Les bourgeois étaient fiers du titre de « serfs de Saint Martin ».

Tout contribuait donc à l'asservissement des hommes : la piété comme la misère; la conviction aussi bien que la force, la religion qui délivre, aussi bien que l'ignorance qui abrutit. La liberté était illusoire, périlleuse. La crainte, s'alliant à la superstition, décidait de prétendues vocations d'asservissement. Par une ironie amère, l'Eglise forçait celui qu'elle égarait à reconnaître son entière liberté d'action dans cet acte odieux.

Glatigny nous a conservé la forme de la cérémonie du dévouement : « Le prosélyte s'approchait de l'autel; il y plaçait dévotement les mains, y appuyait sa tête, et, dans cette situation, prononçait la formule sacramentelle. Il déclarait qu'il offrait à Dieu, à la sainte Trinité et aux saints patrons de l'Eglise, ses biens et sa personne; qu'il s'engageait à les servir, comme esclave, tout le temps de sa vie. Les plus zélés s'entouraient le cou d'une corde, pour exprimer le sacrifice qu'ils faisaient de leurs biens et de leur vie.

Parfois la corde était celle de la cloche de l'église; souvent aussi c'était une simple courroie, un collier que l'on se mettait au cou. Qui le croirait? L'Eglise exigeait de ces malheureux qu'ils payassent pour être admis à devenir serfs!...

On ne s'asservissait pas toujours soi-même. Quelques fois de pauvres gens, réduits à *quia* par les exigences féodales, ne pouvant plus subvenir à leur existence ou à celles de leurs enfants, se faisaient serfs du patron du monastère.

Tel était l'excès de misère et de souffrance dans ces temps maudits du moyen-âge, qu'il anéantissait dans le cœur de l'homme les sentiments les plus purs et les plus sacrés. C'était l'époque de la plus grande splendeur de l'Eglise, l'époque où elle construisait ses belles cathédrales, l'époque où elle tenait les rois courbés sous son doigt, l'époque où elle étendait sa domination sur tous et de l'éclat de son rayonnement éblouissait le monde. Elle était alors à l'apogée de son triomphe et le peuple à l'apogée de la misère.

Oh! honte de l'Eglise! voilà comment étaient suivis les principes de l'évangile, les leçons et les conseils de celui qui, le premier, avait dit : « Tous les hommes sont frères. »

Reniant ces sublimes préceptes, le christianisme, au lieu de se faire l'appui des humbles et le protecteur des malheureux, le libérateur des esclaves, le consolateur de ceux qui souffraient, devenait le pire ennemi du peuple et se faisait le complice de toutes les horreurs qui ont ensanglanté l'humanité.

Mais continuons notre excursion à travers ce sombre passé.

Les parents n'osaient pas tuer leurs enfants; mais tant de maux planaient sur le berceau du nouveau-né, que, faute de force pour les protéger, ils les exposaient fréquemment et les abandonnaient sur les marches de l'Eglise.

L'enfant, alors, grandissait serf de l'Eglise.

Donc, sous l'empire de la loi de Jésus-Christ, descendu, dit-on, des cieux pour révéler le dogme éternellement sublime de la Liberté, de l'Egalité et de la Fraternité, le joug de l'esclavage et du servage pesait lourdement sur presque tous les membres de la grande famille.

Et cependant Jésus-Christ — tout en préparant l'immense révolution religieuse et sociale qu'il devait accomplir dans le monde — révolution qu'il voulait lente, pacifique et féconde, — avait prêché aux pauvres et aux esclaves — les premiers et les seuls convertis — la patience et la soumission, en même temps il avait lancé l'anathème contre les riches et les puissants. Plus tard, pour les besoins de l'Eglise, on travestit ces sublimes doctrines.

Bossuet lui-même, en plein XVIIe siècle, n'a-t-il pas écrit ces lignes plus païennes que chrétiennes : « Condamner l'esclavage, ce serait entrer dans des sentiments exagérés de ceux qui trouvent toute guerre injuste ; ce serait, non-seulement condamner le droit des gens, où la servitude est admise, comme il paraît l'être dans toutes les lois ; mais ce serait condamner le Saint-Esprit qui ordonne aux esclaves, par la bouche de saint Paul, de demeurer en leur état, et n'oblige pas les maîtres à les affranchir. »

Bien certainement on a mis ces paroles dans la bouche de saint Paul, qui ne les a pas prononcées, et cela, bien entendu, après le concile de Nicée. Voilà comment l'Eglise, par la voix des chefs les plus autorisés, s'écartait des principes établis par celui qui l'avait fondée, c'est-à-dire du catholicisme primitif.

De tout temps, comme aujourd'hui encore, malgré les promesses que viennent de faire plusieurs de ses plus hauts dignitaires, l'Eglise s'est faite la complice des pires ennemis du peuple ; ses efforts ont toujours tendu à l'asservissement du prolétaire, à sa mise en tutelle par l'aristocratie ou par la monarchie. Nous la voyons tous les jours à l'œuvre dans cette funeste voie.

Mais revenons au moyen-âge.

Comment vouliez-vous que le serf, que le paysan put se relever ? Privé de tous droits civils, il ne pouvait naître, travailler et mourir qu'au profit de l'Eglise ou de son Seigneur. S'il s'absente, ceux-ci reprennent la terre et la font cultiver par un autre, car, de même que le baron doit servir son fief, le serf doit, en quelque sorte, servir sa servitude. (Bonnemère.)

Outre les serfs et les esclaves, il existait encore une autre catégorie de souffre-douleurs : c'était les gens de main-morte. Ces derniers étaient à l'entière discrétion des barons et des abbés; leur cœur même ne comptait pour rien; ils ne devaient épouser que ceux ou celles que leurs maîtres avaient désignés.

Mais tandis que les mainmortiers achètent peu à peu quelques allégements, les paysans, le peuple, le pauvre, seront pour bien longtemps encore dans la plus grande, dans la plus affreuse misère. Le père ne pourra marier son fils ou sa fille à son gré; la veuve sera contrainte de prendre un nouveau mari; et, en outre, on ne peut se marier qu'avec une femme de même condition et appartenant au même maître.

Ceux qui veulent convoler hors du domaine ne le peuvent qu'à la condition de donner au seigneur le quart ou le tiers de la dot et d'en avoir obtenu la permission, sous peine d'une énorme amende. Ceux qui, bravant la défense, épousent des femmes serves, subissent la condition de celle-ci sans pouvoir espérer, désormais, recouvrir la franchise perdue, ni par le veuvage, ni par un nouveau mariage avec une femme libre.

« En formariage — disent les coutumes — le pire emporte le bon; main libre entraîne main libre; si tu montes ma poule tu deviens mon coq. »

Avec le serf, avec le mainmortable, on ne tenait ni à la famille, ni à la moralité. Comme des animaux, les paysans étaient, entre les mains des barons et de l'Eglise, de vulgaires reproducteurs chargés de repeupler les domaines, rien de plus. Voilà quel était le rôle des citoyens dans la société très chrétienne de notre beau pays de France, que dis-je, de France?... mais de toutes les puissances catholiques de l'Europe!

De tous les droits que s'étaient arrogés les seigneurs, le plus ignoble, le plus révoltant, était celui de « markette », que beaucoup d'historiens catholiques, à la façon du père Loriquet, affectent d'ignorer, et même certains d'entre eux de nier. Montaigne dit dans un de ses ouvrages : « Si c'est un laboureur ou quelqu'un du bas peuple, c'est alors au seigneur à coucher avec la mariée avant lui. »

Carpentier dit (titre 1228) : Lorque Guy de Châtillon, seigneur de la Fère, accorda une charte de commune aux habitants de ce lieu, il eut bien soin de réserver très expressément ce précieux droit de seigneur par excellence, « *comme sire de Mareuil puet et loit avoir droit de braconnage sur filles et fillettes en medite seigneurie, si se marient et si ne les braconne échéant en deux sols envers la dite seigneurie.* »

Mais voilà qui est plus fort encore : Un abbé, en Auvergne, étant devenu propriétaire d'un fief dont l'ancien seigneur possédait le droit de markette, eut la prétention de ne pas le laisser tomber en quenouille; et malgré ses habits sacerdotaux et son caractère de prêtre, il n'hésita pas à le revendiquer, même devant les tribunaux de l'époque.

A noter que, par un raffinement de cruauté bien digne de cette race monstrueuse de dévorants du peuple, le mari devait lui-même conduire sa femme au déshonneur. Le pauvre paysan, le pauvre enfant du peuple, devait boire jusqu'à la lie la coupe de la honte et du désespoir.

Et pourtant — je le répète — c'était l'époque de la plus grande splendeur de l'Eglise, l'époque où les papes faisaient trembler les rois. Cependant, pas un de ces représentants du Christ sur la terre ne pensa à ce malheureux peuple dont Jésus avait voulu et prêché l'affranchissement. Etaient-ce bien là les leçons et les conseils des premiers apôtres de la religion chrétienne? Non, mais cette religion, après avoir transfiguré le monde, était tombée dans les mains de faux apôtres qui se servaient de leur pouvoir spirituel pour entraîner le peuple dans les ténèbres de l'esclavage.

Ces tyrans disposaient en maîtres absolus des biens et de la personne de leurs sujets et « leur commandaient le haut et le bas, le plus et le moins ». (Bonnemère.) Comme il paraît dans quelques chartes, ces terribles justiciers distribuaient les peines sous la dictée de leur volonté arbitraire. Les tortures étaient pour beaucoup d'entre eux un passe-temps et une distraction. L'indignation conçoit à peine jusqu'où allait la férocité de leur justice répressive. A la plus petite faute, on étendait les coupables, nus pieds et poings liés, sur une poutre, comme pour leur infliger la question; avec des houssines de la grosseur du petit doigt, on les fustigeait jusqu'au sang. Ils pouvaient en recevoir jusqu'à cent vingt coups. On leur coupait les oreilles; souvent même, pour en perdre l'engeance, on les châtrait sans marchander davantage.

Dans l'une des cours de tout donjon, château ou monastère, au niveau du sol, il se trouvait une trape mobile, recouvrant l'entrée d'un souterrain; on la soulevait, puis, passant une corde sous les aisselles du serf, on le descendait dans cet horrible réduit, qui ne recevait ni air ni lumière, et dans lequel on oubliait parfois de faire passer des aliments. Cela s'appelait « vade in pace » dans les monastères et « oubliettes » dans le château du seigneur.

C'était le bon vieux temps! le temps si regretté par nos hobereaux et nos grands seigneurs, par nos petits abbés d'aujourd'hui, par tous ceux, en un mot, qui considèrent le peuple comme étant d'une autre essence qu'eux.

CHAPITRE V

LE SERVAGE, LES PAYSANS

« Les plus généreuses passions — a dit un grand écrivain — comme aussi les vices des hommes, dépendent souvent des habitudes ou des nécessités de leur existence ».

Les peuples pasteurs — les Arabes par exemple — qui dressent, pour un jour, sous le ciel leurs tentes mobiles et qui chassent partout devant eux leurs troupeaux, leur vivante fortune, échappent sans peine à la tyrannie; ils sont jaloux d'une indépendance qu'il leur est facile de conserver.

Il n'en est pas de même des peuples agriculteurs.

Le pauvre laboureur qui, courbé sur le sol, a confié à la terre, en octobre, la semence qui exige une lente gestation de neuf mois avant de donner les fruits patiemment attendus, s'attache à cette terre comme l'époux qui sait qu'une partie de lui-même est renfermée dans le sein de l'épouse à laquelle il a donné son cœur et ses pensées. Le paysan a fécondé la terre, donc il est de moitié dans l'acte sublime de la création qu'elle accomplit chaque année. Il se sent lié à son œuvre. Là est son amour et sa vie, et c'est bien lui le pauvre manant qui peut dire ce mot profondément mélancolique de Danton : « Est-ce qu'on emporte la patrie à la semelle de ses souliers? »

Aussi avons-nous vu les robustes pasteurs de l'Helvétie chasser les tyrans et proclamer la République dès les premières années du XIVe siècle, tandis qu'à côté d'eux les fils de cette glorieuse et puissante France qui a rempli l'Europe du bruit de ses armes, durent attendre jusqu'aux dernières années du XVIIIe siècle pour reconquérir leurs libertés perdues.

Que la propriété soit asservie par la force ou par la violence, comme au moyen-âge, ou qu'elle végète sous le poids des vexations, le paysan ne demande qu'une chose : qu'on lui laisse la terre. Et lorsqu'il la perd, il s'y cramponne de ses ongles et de ses dents jusqu'à ce qu'elle lui manque. Il mourra, s'il le faut, à la peine, mais il attendra la récolte, là où il a mis la semence.

Hélas! elle lui manquait souvent, alors, cette terre bénie; les barons et les abbés l'avaient accaparée toute entière; à peine lui permettaient-ils de la travailler. Si encore ils lui avaient laissé les fruits de ce travail! Mais non; ils venaient chaque jour piller et saccager sa chaumière, déshonorer sa femme et ses filles, enlever ou brûler les gerbes, ou faire paître leurs destriers dans les champs que le soleil de juillet n'avait pas encore dorés au feu de ses rayons. De là cette sombre misère, ces famines incessantes; de là aussi ces migrations perpétuelles, ce douloureux hymen du paysan et de la terre violemment brisé, ces désertions de serfs qui passaient d'une châtellenie et quelquefois même d'une province dans une autre.

Le malheureux, cependant, ne conservait pas dans sa fuite l'espoir d'un sort meilleur. Eternellement soumis aux droits de forfuyance vis-à-vis d'un tyran qui, lui, transportait, au gré de ses caprices, sa tombe loin de son berceau, il restait éternellement esclave.

Le serf, en entrant dans les domaines d'un nouveau seigneur, ne devenait pas plus libre. Au contraire; au lieu d'un maître il en avait deux. C'était la « bonne aubaine » pour le puissant, mais quant au petit, au pauvre paysan, il n'évitait un mal que pour rencontrer le pire. Le tyran qu'il fuyait s'emparait de tous ses biens et tout ce qu'il pouvait amasser, dans la suite, par une longue existence de fatigues et de labeurs, appartenait de droit, à l'exclusion cependant de ses enfants, à son nouveau possesseur.

« Il était indifférent que ce maître fut laïque ou ecclésiastique; dans ce cas comme dans tous les autres, la tyrannie était la même. A Besançon, par exemple, « le droit des caduques » attribuait à l'archevêque la succession des étrangers, ou celle d'une certaine classe de citoyens décédés sans enfants ». (Bonnemère.)

Or, il est bien certain qu'à toutes les époques de notre histoire, le clergé se trouve du côté des ennemis du peuple et de ceux qui l'ont conduit et tenu si longtemps dans la misère et dans l'esclavage. Pourtant Jésus, leur grand maître, avait dit : « Renvoyez ceux qui sont dans l'esclavage et brisez leurs chaînes. » Mais les bons pères ont toujours su interpréter à leur manière les théories de l'évangile, surtout celles qui gênaient leur rapacité et se trouvaient en opposition avec leur esprit de domination. Cette sublime pensée, qui fut abandonnée par Bossuet lui-même et retournée contre le peuple, ne fut reprise que par les hommes de la Révolution de 1789. Aussi, jusqu'à cette époque, les serfs n'étaient pas seulement serfs d'un baron, d'un abbé, d'un moine quelconque, ils étaient encore et surtout serfs de la terre et attachés comme tels au domaine.

O! Escobard, tu fus le précurseur de saint Ignace de Loyola!

CHAPITRE VI

DE L'AFFRANCHISSEMENT DES COMMUNES
LA JACQUERIE

Laissons ces sombres pages du moyen-âge pour nous rapprocher un peu de la Révolution, et arrivons à l'affranchissement des communes, qui est le plus grand acte politique de notre histoire, celui dont tous les autres ne furent que la consécration et la conséquence, car il eut une influence considérable sur les destinées du peuple et surtout sur l'avenir des paysans.

Plusieurs historiens en font honneur à Charles-le-Gros. C'est une erreur. Ce roi, pas plus que les abbés et les évêques, n'y a nullement coopéré. Cet affranchissement fut un acte purement révolutionnaire. Les rois et les abbés se faisaient payer largement leurs signatures apposées au bas des chartes qu'ils acceptaient de confirmer; mais le plus souvent ils manquaient à leurs engagements, si d'autres leur offraient une somme plus importante. Louis-le-Gros accomplit lui-même ce tour de force à Laon.

Mais les historiens monarchistes ont opéré à la façon du père Loriquet et d'autres ont été forcés de mentir : comme Don Labinaud, qui écrivait l'histoire de la Bretagne avec le pistolet du duc de Royan braqué sur le front; comme Mézerai, qui était l'esclave de Colbert, et tant d'autres dont la plume était aux gages des puissants.

Le pauvre paysan — qu'on l'appelât serf, vilain, ananier ou manant — ne trouva personne pour prendre sa défense, car malheur à qui eut osé médire de ces héros immaculés dont la plupart se vautraient dans la fange et passaient leur vie en orgie. Où étaient donc ces protecteurs naturels du peuple, ceux à qui le Christ avait dit : « Tous les hommes sont frères » ? Hélas ! ceux-là se servaient de leur pouvoir spirituel pour asservir le pauvre et pour enrichir les couvents.

L'affranchissement des communes avait donné naissance à l'esprit d'indépendance. Des villes, la Liberté descendit dans le plat pays; de son souffle puissant elle souleva cette tempête que, dans les siècles suivants, les historiens appelèrent la Jacquerie.

Après le manant des villes, ce fut le pauvre paysan, le pauvre Jacques Bonhomme qui, las d'être traqué comme un sanglier, fit tête à la meute et se jeta sur elle avec le courage des désespérés.

Il était à bout de patience; à force de souffrir, à force de supporter des vexations de toutes sortes, voyant que son travail devenait improductif et qu'il ne possédait rien, absolument rien qui fut entièrement à lui, il se révolta de savoir éternellement sa famille et ses récoltes à la merci du baron et de l'abbé. Et il s'insurgea contre cette double puissance qui l'opprimait, décidé à briser ses chaînes, à conquérir la liberté. Et il disputa pied à pied le terrain des revendications sociales avec une énergie d'autant plus grande que ses adversaires étaient plus forts et plus nombreux. Mais tous ces généreux efforts furent vains. Dans cette horrible lutte de la Jacquerie, tout se tourna contre le paysan qui, à l'exemple de ses frères des villes, voulait s'affranchir. Prêtres et barons se liguèrent contre lui; la grande lutte se termina par l'écrasement des Jacques.

Ce fut en Normandie qu'eut lieu le prologue de ce sombre drame.

Dans le principe, les réunions des Jacques avaient lieu secrètement; mais des espions, comme il en existe toujours, avaient averti le comte d'Evreux, Raoul. Celui-ci profita d'une occasion favorable et fit arrêter tous les chefs, qui furent condamnés à être pendus.

Pour que ce châtiment produisît une impression plus salutaire sur les masses révoltées, les condamnés furent torturés de mille manières : aux uns on coupa les pieds, aux autres les bras; à quelques-uns le bourreau creva les yeux pendant qu'on arrosait leur corps de plomb fondu. Tous ces martyrs de la liberté furent ensuite promenés dans les bourgs et les villages de la Normandie.

De telles cruautés, dignes des temps barbares, ne devaient nécessairement pas rester impunies. Ces supplices jetèrent pour un instant l'effroi dans les rangs des Jacques; mais un jour vint où toute la haine et toutes les rancunes que de semblables atrocités avaient amassées dans le cœur de ces déshérités de la nature firent explosion à la fois.

Après avoir vu sa fille outragée, son fils massacré, ses récoltes pillées, sa chaumière brûlée, le pauvre Jacques Bonhomme bondit un soir comme un lion de sa tannière et, fou de rage, se rua sur ses implacables ennemis. A son tour il devint dévastateur; il brûla et saccagea les châteaux qui tombèrent en son pouvoir; il appliqua, farouche, la loi du talion : dent pour dent, œil pour œil.

L'insurrection, qui avait pris naissance le 21 mai 1358, dans l'Ile de France, se répandit bientôt dans la Brie, le Valois, le Laonnais et la terre de Soissons. Mais privés de moyens de communications, d'armes de guerre, les malheureux Jacques ne tardèrent pas à succomber; alors ce fut un affreux carnage. On les traqua comme des bêtes fauves. Fort peu échappèrent à cette horrible boucherie.

Et l'on trouva des historiens de l'ancien régime, des partisans du trône et de l'autel, pour applaudir à ces assassinats!

Je me garderai bien de faire l'apologie de la guerre civile. Qui oserait blâmer les Jacques? Ses tyrans n'avaient-ils pas comblé la mesure? Trop de crimes, trop d'infamies avaient poussé à bout le pauvre paysan. S'il a été à son tour cruel et barbare, c'est que ses oppresseurs lui avaient donné l'exemple de la barbarie et de la cruauté; s'il a pillé et brûlé quelques châteaux, s'il a massacré quelques seigneurs, est-ce que ces seigneurs n'avaient pas brûlé et pillé ses chaumières, massacré ses parents, violé sa femme et ses filles, traité ses fils comme des bêtes de somme?

Les révoltés n'eurent alors personne pour soutenir leurs justes revendications. Dérision amère, ceux qui, en vertu des principes mêmes de la religion, devaient être leurs défenseurs naturels, étaient leurs plus terribles ennemis.

CHAPITRE VII

JEANNE D'ARC

Dans cet exposé rapide des peines et des souffrances imposées au peuple pendant cette longue période qui commence au concile de Nicée, en 325, et se termine à la Révolution, c'est-à-dire à la fin du XVIIIe siècle, je ne puis passer sous silence le glorieux martyre de l'humble bergère de Domrémy, de cette noble héroïne assassinée par des prêtres de l'Eglise romaine.

Elle avait osé entonner l'hymne de délivrance alors que, découragés, abattus, à bout de ressources, les défenseurs du trône et de l'autel allaient se décider à subir la plus atroce des humiliations; elle avait eu l'audace de relever le courage du roi et des nobles, qui s'efforçaient d'oublier dans les plaisirs et dans les orgies que l'Anglais occupait la majeure partie du Royaume.

C'était là un crime qu'il fallait lui faire expier; crime d'autant plus grand que cette enfant du peuple avait dû se placer sous l'égide d'une puissance surnaturelle pour inspirer confiance à ces hordes fanatiques et ignorantes dont un seul sentiment pouvait encore enflammer l'ardeur : la foi aux miracles.

Et cela est si vrai que tant que la fortune lui fut fidèle, que tant qu'on la crut réellement l'envoyée de Dieu, tous la suivirent avec enthousiasme et lui obéirent sans hésitation ni murmure.

Mais, lorsqu'après ses prodigieux succès devant Orléans et devant Troyes, elle eut fait sacrer à Reims Charles VII, et que « les hasards de la guerre » — comme le disait Jeanne — ne lui furent plus favorables, son prestige s'affaiblit rapidement, et lorsque, blessée gravement dans les fossés de Compiègne, elle fut faite prisonnière par Jean de Luxembourg, pas un de ses fameux guerriers, qu'elle avait si souvent conduits à la victoire, ne tenta le moindre effort pour l'arracher des mains des Anglais.

Et pour prix de sa vaillance, pour prix de son dévouement à la royauté et à la patrie, pour prix de son généreux sang répandu sur les champs de bataille, elle fut lâchement abandonnée.

En ce temps-là se trouvait à Rouen un de ces hommes néfastes qui semblent prédestinés à une triste célébrité. J'ai nommé Pierre Cauchon, évêque de Beauvais. Depuis qu'il avait été chassé de cette ville par ses propres administrés, qui avaient fait leur soumission à Charles VII, Pierre Cauchon s'était donné corps et âme aux Anglais, qui lui avaient promis, en échange de ces complaisances, l'archevêché de Rouen.

Ce fut le principal instrument de la perte de Jeanne, dont il tenait à se venger. Il prétendit que la Pucelle « était véhémentement accusée de crimes sentant l'hérésie, » et comme elle avait été faite prisonnière en son ex-diocèse, il prétendit que le jugement lui en appartenait, conjointement avec l'inquisiteur Lemaire. L'inique Pierre Cauchon trouva un allié naturel dans la personne de Jean d'Estivet, chanoine de Beauvais, qui, lui aussi, voulait devenir évêque. Ce dernier, qui n'était ni le moins mauvais, ni le moins ambitieux des trois, se distingua par sa férocité contre la vierge ingénue qui allait payer de sa vie l'honneur d'avoir sauvé sa patrie.

Jeanne d'Arc, après avoir été livrée à ses ennemis moyennant 10,000 francs d'or, comparut pour la première fois devant ses bourreaux le 21 février 1431.

Pendant ce long procès, poursuivi lentement, suivant les formes inquisitoriales, la pauvre bergère de Domrémy montra au monde l'étonnant spectacle de l'innocence et de la simplicité déjouant les ruses les plus habiles imaginées par la passion la plus implacable. Mais, que pouvait cette pauvre paysanne contre la coalition de tous ses ennemis les plus acharnés ?

Elle fut condamnée à être brûlée vive.

Le 30 mai 1431, au matin, un frère, Martin Ladvenu, vint lui annoncer que sa dernière heure était arrivée.

Pierre Cauchon, le cynique, voulut jouir de la vue du martyre de sa victime ; il accompagna Jeanne jusqu'au bûcher. Au moment où elle allait en gravir les marches, son confesseur — le prêtre Loyseleur — vint lui demander pardon de l'avoir trahie en *se servant de sa confession pour la perdre*.

Alors, Cauchon donna lecture de la sentence.

« Evêque, lui répondit-elle, c'est par vous que je meurs, j'en appelle devant Dieu de votre jugement. »

Son supplice dura longtemps : Par un raffinement de cruauté, les Anglais avaient enduit le bûcher de plâtre. A la fin, cependant, les flammes l'enveloppèrent. On la vit se tordre sous l'étreinte de la douleur et ses cris dominèrent le murmure de toutes ces voix hostiles : « Jésus ! s'écriait-elle, Jésus ! » Puis on n'entendit plus que le crépitement des flammes, l'enfant du peuple, la fille de Jacques Bonhomme était entrée dans l'immortalité.

Pendant que se perpétuait ce grand crime, que faisait l'indigne Charles VII, à qui la vierge de Domrémy avait donné un royaume ?

Rien.

Et tous ces vils courtisans dont elle avait secoué la torpeur, tous ces féaux chevaliers dont elle avait redoré le blason, qu'avaient-ils tenté pour la sauver ?

Rien.

Vendue par les prêtres de cette Eglise romaine à laquelle elle s'était vouée corps et âme, trahie par les nobles dont elle avait reconquis les apanages, abandonnée par le roi qui lui devait sa couronne, la pauvre enfant n'obtint pour prix de son sublime héroïsme que le martyre !

Et ce qu'il y a de plus triste, je dirai mieux, de plus révoltant, c'est qu'aujourd'hui ceux-là même qui ont torturé ce corps délicat et l'ont livré aux flammes osent le revendiquer comme leur bien.

Arrière ! bandits, assassins, inquisiteurs ! Non ! cent fois non ! Jeanne ne vous appartient pas.

Vous la livrer serait ternir sa mémoire. La conscience humaine protesterait contre cet acte impie.

C'était la fille de Jacques Bonhomme; elle appartient au peuple; c'est au peuple de lui élever des statues, c'est au peuple de perpétuer dans le marbre et le bronze, le souvenir de ses vertus et de ses souffrances. C'est au peuple, au peuple seul qu'il appartient de glorifier sa libératrice.

Quant à vous, prêtres de l'Eglise de Rome, arrière! N'approchez pas de cette tombe que vous avez creusée de vos mains. La victime ne doit pas, ne peut pas, ne veut pas être béatifiée par ses bourreaux.....

CHAPITRE VIII

DE LA RÉFORME

Après la guerre étrangère, après la guerre civile, ce fut la guerre de religion, la plus sanglante de toutes, qui ensanglanta le royaume de France.

Jean Huss brûlé, Luther se remet à l'œuvre; le peuple croit voir poindre à l'horizon un avenir meilleur. Mais ce n'était, hélas! qu'une illusion. Luther, lui aussi, devait bientôt abandonner son rôle de protecteur des humbles et des déshérités. Pour flatter les grands et les puissants, il accepta le servage et l'esclavage, oh! honte de l'humanité. Aucune religion — pas plus la religion protestante que la religion catholique — n'ose prendre la défense du peuple. Le manant reste Jacques Bonhomme comme devant.

Quoiqu'il ne prît aucune part à ces discussions religieuses, purement philosophiques, le peuple y gagna cependant quelque chose. On l'instruisit en vue de former des adeptes pour la Réforme (1). Or, l'instruction devait engendrer fatalement l'esprit de discussion. Derrière la bourgeoisie, le peuple entrait à son tour dans la lice.

Après avoir commencé par discuter les théories théologiques, il en vint à discuter la Papauté elle-même, puis à braver l'excommunication, qui avait jadis fait trembler non pas seulement les rois, mais encore les royaumes. En effet, n'est-il pas arrivé à l'Eglise orgueilleuse, à l'époque de sa plus grande splendeur, d'excommunier la nation toute entière pour une faute commise par un roi?

Exemple, la France, sous Philippe-Auguste : toute la nation fut mise en interdit parce que le souverain avait osé répudier sa première femme, la reine Ingelburge de Danemarck, pour épouser Agnès de Méranie.

---

(1) Je reviendrai sur ce sujet en traitant de l'instruction populaire.

Ce qu'il y a de bien certain, c'est que pas plus le protestantisme, que le catholicisme actuel, n'a eu pour but le bonheur du peuple. Calvin considérait le régime aristocratique comme le meilleur des gouvernements. En effet, si vous adaptez les idées calvinistes à la politique, vous arrivez à ces conclusions : que les élus ce sont les heureux de la terre, et les réprouvés, les pauvres. Entre les uns et les autres, Dieu a creusé un abîme. Donc reconnaissance de l'inégalité des conditions, devoir de se plier au caprice de la divinité que l'on adore, obligation de considérer comme une loi le hasard de la naissance, tels sont les principaux articles de foi de cette religion soi-disant libérale et émancipatrice.

Ce fut la folie des grandeurs, le luxe effréné et les dérèglements de Léon X qui poussèrent Luther à créer la Réforme. A ce sujet, écoutez cette réflexion de Louis Blanc : « Ebranlée profondément, d'un côté par les hérésies, et de l'autre par le concile de Constance et par celui de Bâle, la Papauté paraissait encore pleine de vie. Rome était à bout d'impuretés, mais, pour les couvrir, que de splendeurs réunies !

» Autour du trône pontifical se pressait un groupe de grands hommes. Le pape d'alors c'était Léon X, un Médicis ; il avait apporté dans ses fonctions suprêmes la grâce, la magnificence, l'heureux génie de sa maison. Mais, sous cet éclat, la mort habitait. La raison en est simple : une puissance ne dure qu'à la condition de conserver la spécialité de ses fonctions et l'originalité de son caractère. Le pape n'avait été possible que comme chef spirituel de l'humanité, et comme tel, où pouvait-il trouver son naturel appui, si ce n'est dans la foi des peuples? Le jour où, croyant avoir besoin d'un autre appui, son orgueil le chercha dans le génie des artistes et des poètes, dans un tumultueux rassemblement de soldats, dans l'opulence, dans la possession de vastes domaines, ce jour-là, tombé du haut de son majestueux isolement, dans la foule des princes temporels, le pape cessa d'être lui-même; il disparut aux yeux de la terre.

» Peut-être Léon X n'aurait-il pas songé à promulguer les indulgences, auxquelles répondit comme on le sait, le premier cri de Luther, si les fêtes, les dons, le désir d'achever la basilique commencée par Jules II, n'avaient poussé le Saint Siège à l'avidité, ensuite à l'indigence. Mais Léon X fut séduit par ce besoin des grandeurs — *feu qui ne brille qu'à la condition de consumer.* — Il fallut vendre le chapeau de cardinal, vendre la charge de la Pénitencerie, les évêchés, le salut des âmes. L'Eglise fut un marché et la religion un système d'impôts, la Papauté un modèle de gouvernement fiscal, l'univers chrétien une proie.

« Les croyances du peuple s'affaiblissaient; le pouvoir spirituel, qui avait dominé le moyen-âge, chancela.

« Une foule de princes et de nobles, ruinés par les

combats, virent dans un soulèvement contre Rome des domaines à conquérir et des monastères à dépouiller. »

Luther profita de ce moment propice pour jeter dans le monde ces brandons de discorde qui ont fait répandre, pendant deux siècles, tant de larmes et tant de sang !

A cette querelle le peuple ne gagna rien. Quant à l'Eglise, elle sortit de cette lutte, meurtrie et sanglante.

On ne pouvait lui pardonner l'énormité de ses crimes, dont je ne veux pas faire la narration ; mais que tout le monde connaît.

CHAPITRE IX

DES JÉSUITES

« Prenez un homme dans la rue — a dit un grand penseur — le premier ouvrier ou artisan qui passe, et demandez-lui : Qu'est-ce qu'un Jésuite? Il vous répondra sans hésiter : La contre-Révolution, l'ennemi de la liberté.

Telle est la pensée du peuple, et cela depuis bien longtemps.

La fondation de l'Ordre remonte au 15 août 1534 — date bien choisie pour la fête du second Empire. — Elle eut lieu à Montmartre. Voilà pourquoi, très certainement, les ultramontains ont choisi cet emplacement pour y construire la fameuse basilique qui voue la France à Rome et au Sacré-Cœur.

La célèbre Compagnie fut fondée en vue de combattre le protestantisme, d'assurer la suprématie de l'Eglise de Rome et de soutenir le pouvoir des papes. Malgré les services qu'elle a pu rendre à la cause chrétienne lors de sa fondation, il est avéré, aujourd'hui, qu'elle lui a nui énormément, car elle s'est transformée bien vite en une société essentiellement politique, antilibérale et oppressive. Dans un pays épris de liberté comme la France, elle ne pouvait manquer de devenir suspecte aux yeux de tous les hommes clairvoyants. Ce fut ce qu'il advint; aussi, le plus grand nombre de ses ennemis appartiennent-ils au peuple.

« Quand les Jésuites ont été institués — disait M. Guizot à la tribune de la Chambre des pairs en 1844 — ils l'ont été pour soutenir, contre le mouvement du XVIe siècle, le pouvoir absolu dans l'ordre spirituel. » Je ne comprends pas comment il pourrait, aujourd'hui, exister l'ombre d'un doute à cet égard. Ce serait insulter à la mémoire du fondateur des Jésuites; or, je suis convaincu que, si Ignace de Loyola, qui était un grand esprit, et un grand caractère, entendait les apologies qu'on essaye de faire aujourd'hui de son œuvre, il protesterait avec indignation. Oui, c'est pour défendre la Foi aveugle contre le libre examen, l'autorité contre le contrôle, que l'Ordre des Jésuites a été fondé. Il y avait, à l'époque de leur origine, de fortes raisons pour entreprendre cette grande tâche, et je comprends qu'au XVIe siècle de grands Esprits se soient offerts pour l'entreprendre. Un problème très controversé se posait alors : cet empire à exercer dans le monde de la pensée, ce contrôle actif et efficace à étendre sur tout ce qui en dépendait, constituait une grandiose entreprise non exempte de difficultés et de périls. Il pouvait en résulter — et il en est résulté en effet — de grandes épreuves pour l'humanité. Il était donc très naturel que des hommes à l'esprit fort et à l'âme généreuse tentassent de résister à ce mouvement si vaste, si violent, partant si obscur.

Les Jésuites se vouèrent courageusement et habilement à cette laborieuse tâche.

Mais ils se trompèrent dans leur jugement et dans leurs prévisions; ils avaient cru que, du mouvement qui commençait alors, il ne sortirait que la licence dans l'ordre intellectuel, que l'anarchie dans l'ordre politique...

Il en est sorti des sociétés grandes, fortes, régulières, qui ont fait pour le développement, le bonheur et la gloire de l'humanité, plus peut-être qu'aucune des sociétés qui les avaient précédées. L'Angleterre, la Hollande, la Prusse, l'Allemagne, les Etats-Unis d'Amérique, la France catholique elle-même (1), voilà les sociétés qui, par des routes diverses et des degrés inégaux, ont suivi l'impulsion du XVIe siècle; voilà les grandes nations et les grands gouvernements que ce grand mouvement a enfantés.

Les Jésuites ne pouvaient prévoir semblables éventualités. Et l'erreur grossière commise par les fondateurs de l'ordre a eu des conséquences les plus graves. Les Jésuites ayant mal établi leurs batteries, ont été vaincus, et vaincus non-seulement dans les pays où le mouvement qu'ils combattaient a bientôt prévalu, mais dans les pays mêmes où le régime qu'ils soutenaient a longtemps continué d'exister. L'Espagne, le Portugal, l'Italie ont dépéri entre leurs mains; et dans ces états même où leur influence fut longtemps prépondérante, ils ont fini par perdre tout crédit, si bien que le pouvoir leur a échappé et qu'ils ont cessé de peser dans la balance des destinées de ces nations jadis asservies et courbées sous leur joug.

M. Guizot, se citant lui-même dans ses mémoires,

(1) M. Guizot, en 1844, et parlant de la France, comptait sans le second Empire et l'influence néfaste des Jésuites pendant les dix-huit années de ce gouvernement; sujet sur lequel je reviendrai dans un chapitre suivant.

ajoute : « Je suis convaincu que c'était là, quant à l'histoire et à la destinée des Jésuites, une juste appréciation du passé. »

Ce jugement n'est pas juste, car il n'est pas assez sévère.

Dès 1844, M. Guizot, premier ministre d'une monarchie constitutionnelle, ménageait la Compagnie de Jésus qui cherchait à rentrer en France, pour s'emparer de l'éducation de la jeunesse et gouverner les consciences timorées de la bourgeoisie — ce qu'elle ne réussit à faire que plus tard, sous le second Empire. — Il était bien coupable, car au moment où il manœuvrait ainsi, il était obligé de constater que la puissance de l'Espagne, du Portugal et de l'Italie avait périclité sous la funeste influence des Jésuites. Il ne pouvait pas cependant alors se douter que vingt-cinq ans plus tard le parti ultramontain, après avoir entraîné la France au Mexique, nous livrerait aux mains de l'Allemagne protestante et consommerait la perte de l'Alsace et de la Lorraine.

Un grand patriote et un grand penseur nous a tracé de main de maître un éloquent tableau de cette dégénérescence des nations latines corrompues par l'éducation des Jésuites et des ultramontains. C'était dans le cours de la discussion de la loi sur l'enseignement primaire, préparé sous le ministère de M. de Falloux, en 1850, et qui porte le nom de *loi Falloux*, loi funeste s'il en fut, car elle est l'œuvre d'hommes assez pervers pour oser, quelques mois plus tard, jeter la France dans les bras du criminel qui, dix-huit ans après, conduisait la France à Sedan; loi néfaste, car elle livrait l'éducation de la jeunesse française aux Jésuites, aux pires ennemis de la Patrie, aux éducateurs de cette génération d'ultramontains dont la patrie est à Rome, aux hommes noirs qui vouent la France au Sacré Cœur et construisent la basilique de Montmartre.

Voilà en quels termes et avec quelle éloquence Victor Hugo interpellait, du haut de la tribune, le parti clérical : « Ah! vous voulez qu'on vous donne des peuples à instruire? Fort bien! Voyons vos élèves; voyons vos produits! Qu'est-ce que vous avez fait de l'Italie? Qu'est-ce que vous avez fait de l'Espagne? (Et il aurait pu ajouter : Qu'allez-vous faire de la France, qu'on est en train de vous livrer?) Depuis des siècles vous tenez dans vos mains, à votre discrétion, à votre école, sous votre férule, ces deux grandes nations, illustres parmi les plus illustres; qu'en avez-vous fait?

« Je vais vous le dire : Grâce à vous, l'Italie, dont aucun homme qui pense ne peut plus prononcer le nom qu'avec une inexprimable douleur filiale; l'Italie, cette mère des génies et des nations, qui a répandu sur l'univers toutes les plus éblouissantes merveilles de la poésie et des arts; l'Italie, qui a appris à lire au genre humain, l'Italie, aujourd'hui, ne sait pas lire.

Oui, l'Italie est, de tous les états de l'Europe, celui où il y a le moins de natifs sachant lire.

» L'Espagne, magnifiquement dotée; l'Espagne, qui avait reçu des Romains sa première civilisation, des Arabes sa seconde civilisation, de la providence, et malgré vous, un monde : l'Amérique, l'Espagne a perdu, grâce à vous, grâce à votre joug d'abrutissement (applaudissements à gauche) l'Espagne a perdu le secret de la puissance qu'elle tenait des Romains, le génie des arts qu'elle tenait des Arabes, le monde qu'elle tenait de Dieu. Et, en échange de tout ce que vous lui avez fait perdre, elle a reçu de vous *l'Inquisition!*... L'Inquisition, que certains hommes de votre parti essaient aujourd'hui de réhabiliter, avec une timidité pudique dont je les honore (rires à gauche); l'Inquisition, qui a brûlé sur le bûcher ou étouffé dans les cachots cinq millions d'hommes!

» Lisez l'histoire de l'Inquisition, qui exhumait les morts pour les brûler comme hérétiques! (C'est vrai!) témoins Urgel et Arnault, comte de Forcalquier; l'Inquisition, qui déclarait les enfants hérétiques jusqu'à la deuxième génération, infâmes et incapables d'aucun honneur public, en exceptant seulement — ce sont les propres termes des arrêts — *ceux qui auraient dénoncé leur père* (long mouvement); l'Inquisition qui, à l'heure où je parle, tient encore dans la bibliothèque du Vatican les manuscrits de Galilée, clos et scellés sous le sceau de l'Index. Il est vrai que, pour consoler l'Espagne de ce que vous lui ôtiez, vous l'avez surnommée « la Catholique, » comme ils avaient surnommée la France « la Fille aînée de l'Eglise, » surnom dont nous devons être fiers! (Mouvements prolongés.)

» Ah! savez-vous! vous avez arraché à l'un de ses plus grands hommes ce cri douloureux qui vous accable : « J'aime mieux qu'elle soit la grande, que la catholique! »

» Voilà vos chefs-d'œuvres! Ce foyer qu'on appelait l'Italie, vous l'avez éteint; le colosse qu'on appelait l'Espagne, vous l'avez miné; l'un est en cendres, l'autre est en ruines. Voilà ce que vous avez fait de deux grands peuples!

» Qu'est-ce que vous voulez faire de la France? »

Une voix aurait pu lui répondre : « *La conduire à sa perte.* »

Je ne voudrais pas abandonner ce sujet sans dire un mot du rôle des Jésuites sous Louis XIV, et sans parler de la révocation de l'Edit de Nantes dont les conséquences furent si fatales pour la patrie française.

CHAPITRE X

LES JÉSUITES ET LA RÉVOCATION DE L'ÉDIT DE NANTES

Je n'entreprendrai pas de vous narrer par le menu et dans toute leur horreur les crimes des Jésuites; je ne vous parlerai ni des bûchers de l'Inquisition, ni de l'assassinat de Henri IV, ni du supplice d'Etienne Dolet, ni de l'empoisonnement du pape Clément XIV. Le cadre restreint de ce travail ne me permet même pas de vous donner un aperçu succint de tout le mal qu'ils ont fait en France.

Je ne vous citerai qu'un fait dont les conséquences ont été désastreuses pour notre industrie nationale, un fait qui arrêta pendant longtemps l'essort du progrès en France : ce fait, c'est la révocation de l'Edit de Nantes.

Un matin, sur les conseils de son confesseur, le père Le Tellier, un Jésuite, Louis XIV, oubliant qu'il eût juré sur sa couronne de respecter l'Edit de Nantes, ordonna à plus de deux millions de Français, les plus honnêtes, les plus vertueux, les plus laborieux, les plus industrieux du royaume, de changer de religion, comme on change de manteau; de renier leur serment, de fouler aux pieds leur conscience, en un mot, de se suicider moralement.

Ainsi placés, entre leur foi et un roi parjure, les malheureux hésitent; ils demandent grâce. On leur répond par les dragonnades. Heureux ceux qui peuvent fuir à l'étranger, abandonnant leur patrie, leur famille, leur fortune; qu'importe aux exécuteurs des hautes œuvres royales et jésuitiques, si le commerce, si l'industrie, vont être privés de leurs meilleurs soutiens, si la patrie va perdre ses plus intelligents, ses plus dévoués, ses plus courageux fils, pour la plus grande gloire de l'Ordre, pour le maintien de l'influence ténébreuse des Jésuites, il faut que la volonté du roi s'accomplisse et que le décret monstrueux reçoive sa pleine et entière exécution.

Les massacreurs de Nantes, les assassins des Albigeois, remplirent si bien leur mission, que Mme de Sévigné a pu dire d'eux en écrivant à sa fille : « *Les dragons ont été de très bons missionnaires* ».

Ainsi les dragons qui tuaient, violaient, brûlaient, saccageaient le pays, étaient de « très bons missionnaires »; ces forcenés étaient les serviteurs fidèles et dévoués du Dieu d'amour, du Dieu de charité, du Dieu de fraternité.

Voilà de quelle façon les Jésuites s'y prenaient pour faire aimer cette belle religion du Christ, qui devait émanciper le monde, d'après le programme de l'Evangile. C'était avec l'arquebuse d'une main et la torche de l'autre, qu'on s'efforçait d'apprendre aux hommes à s'aimer entre eux.

Voilà comment, lorsque ces doux pasteurs du peuple sont les maîtres, ils respectent la liberté de conscience et la liberté des pères de famille, leur tarte à la crême d'aujourd'hui.

Et ils osent encore nous parler de leur amour pour le peuple, pour les ouvriers, pour les paysans. Menteurs et hypocrites qu'ils sont; depuis des siècles ils ont été leurs pires ennemis.

Ecoutez ce qu'un des leurs, et un des plus autorisés, M. Chesnelong, disait ces jours derniers dans un metting réactionnaire : « Nous repoussons la prétendue liberté d'association menteuse et hostile que nous préparent les législateurs du jour. Nous voulons tous l'amélioration du sort des ouvriers, par l'exercice de vertus de charité accompli par devoir de conscience et non imposé et réglé à titre de justice, de la façon que le comprend le Socialisme. »

Ainsi donc, vous l'entendez, vous ouvriers des villes, travailleurs des champs, prolétaires mes frères, c'est par la Charité qu'on prétend vous conduire; or, cette charité-là a son siège dans le confessionnal. Oui, si les cléricaux arrivaient jamais au pouvoir, le billet de confession serait obligatoire pour tous, comme jadis sous la terreur blanche. Ce serait, alors, pour vous, l'âge d'or. La manne céleste, sous forme de perdrix toutes rôties, vous tomberait dans la bouche. Messieurs Chesnelong et tous les Jésuites de France et de Navarre se chargent de faire votre bonheur; ils veulent vous sauver malgré vous; mais je crains bien que ce ne soit de la même façon que l'inquisiteur Torquemada, qui brûlait les pêcheurs pour mieux leur assurer la félicité de la vie éternelle.

Mais revenons en arrière, à l'époque où le règne du Roi-Soleil touche à son terme, et voyons quelles ont été les conséquences de la révocation de l'édit de Nantes :

Celui qui écrit ces lignes n'est pas un chroniqueur à la façon du père Loriquet, qui cite ce règne comme le plus beau de la Monarchie française. S'il considère comme un beau règne, celui de l'arbitraire imposant la puissance d'un seul à toute une nation courbée sous la férule des Jésuites, il a raison. Mais il a bien soin, en chantant les louanges de ce grand monarque, qui changeait de maîtresses comme de chemises, de passer sous silence les faits, que je vais me permettre de raconter. Il est vrai que nous n'avons pas puisé nos documents aux mêmes sources que M. Chesnelong; nous ne nous sommes pas inspirés, nous, des écrivains aux gages des Jésuites; nous n'avons tenu compte que des renseignements authentiques. A vous d'ailleurs d'en juger.

La Picardie avait perdu le douzième, le Bourbonnais le cinquième, la Tourraine le quart, la Saintonge le tiers de sa population. La ville de Lyon avait perdu vingt mille habitants. Troyes, de soixante mille âmes, en comptait à peine vingt mille. Enfin, pour ne parler que de notre région, Aubusson et Felletin étaient à demi dépeuplées. Les meilleurs ouvriers avaient fui à l'étranger, emportant les secrets de nos belles industries de la tapisserie et de la porcelaine.

Voici un fait bien curieux, qui démontre combien néfastes furent les conséquences de la révocation de l'édit de Nantes. A la bataille d'Iéna, en ramassant les blessés sur le champ de bataille, on s'aperçut que deux soldats, un allemand et un français, tombés côte à côte, répondaient au même nom. Le français était né à Aubusson et l'allemand était le fils d'une famille proscrite jadis de cette ville. Voilà deux parents, presque deux frères, blessés peut-être l'un par l'autre, devenus ennemis, bien qu'issus de la même souche, et cela par le fait des Jésuites, qui, pour se venger des protestants, avaient arraché la révocation de l'édit de Nantes à un vieillard décrépit et usé par la débauche.

Mais continuons nos citations : Dans la Généralité d'Alençon, les paysans, réduits à la grâce de Dieu laissaient pousser l'herbe dans leurs champs et crouler les toits de leurs maisons. Dans la Généralité de Rouen, six cent mille sur sept cent mille habitants vivaient à l'aventure de pain et de fougères et couchaient sur la paille ou à la belle étoile.

Dans le Dauphiné, la plus grande partie des gens du peuple — d'après le témoignage du duc de Lesdignières lui-même — ne mangeaient que du pain de glands et des racines.

Dans la Bourgogne, un arrêt du roi, rendu en son Conseil contre un fermier de la Gabelle, constate qu'on ne connaissait, dans les campagnes, d'autre nourriture que l'herbe ou l'avoine.

« On trouve quelquefois — écrivait un intendant — des troupeaux de paysans assis en rond, au milieu des landes ; sitôt qu'on veut les approcher, ils prennent la fuite dans les bois. »

Et de même cet extrait des œuvres de Labruyère, si souvent cité, et qui est bien ici à sa place :

« On voit certains animaux farouches, des mâles, des femelles, répandus par la campagne, noirs, livides et tout brûlés du soleil, attachés à la terre qu'ils fouillent et qu'ils remuent avec une opiniâtreté invincible ; ils ont comme une voix articulée, et quand ils se lèvent sur leurs pieds, ils montrent une face humaine. En effet, ce sont des hommes. Ils se retirent la nuit dans des tannières, où ils vivent de pain noir, d'eau et de racines. Ils épargnent aux autres hommes la peine de semer, de labourer, de recueillir pour vivre, et méritent ainsi de ne pas manquer de ce pain qu'ils ont semé. »

Voilà les beautés du fameux règne de Louis XIV, tant vantées par les historiens de l'ancien régime.

Le désordre des finances étant effroyable, Paris-Duverney avait mis dans les moyens de surmonter la crise, la brutalité de son caractère : Réduire de moitié la valeur légale des monnaies; imposer au prix des marchandises une limite arbitraire; faire mûrer la boutique de quiconque désobéissait au despotisme des règlements; lancer des soldats contre l'ouvrier mécontent ou inquiet de son salaire; tout cela, pour le conseiller de Mme de Prie, n'avait été qu'un jeu.

Inutiles violences! le mal empirait; le peuple des villes ou des campagnes n'avait plus que son sang à donner. Paris-Duverney eut l'audace d'établir un impôt qu'il fixa au cinquantième du revenu et auquel il soumit toutes les classes de citoyens sans exception. En d'autres termes, les procédés de la tyrannie s'étant trouvés stériles, on avait recours au seul expédient qui n'eut pas été employé : « la justice ! »

Mais aussitôt quel soulèvement ! quelle tempête ! Ce ne furent, dans le clergé, que protestations délirantes et clameurs furieuses. Quoi ! on osait porter une main sacrilège sur les richesses de l'Eglise ! on attentait à ses immunités qu'avaient respectées non-seulement la dévotion de Saint-Louis, mais encore la volonté absolue de Louis XIV.

Le clergé avait bien voulu se condamner à la charge du don gratuit; on exigeait davantage; on outrageait la religion; on offensait Dieu — pas celui qui avait chassé les marchands du temple — mais le nouveau

Dieu, celui que l'Eglise de Rome avait fabriqué de toutes pièces pour l'intérêt de sa cause. Tel fut le langage du haut clergé. Or, à cette époque, l'Eglise, y compris les moines bénéficiaires, possédaient neuf mille châteaux ou fermes, cent soixante-treize mille arpents de vignes, quatorze cents charrues sur dix-sept cents dans le Cambrésies, plus de la moitié des biens situés dans la Franche-Comté, et l'on n'évaluait pas ses revenus annuels à moins de douze cent vingt millions.

Ils se réunirent néanmoins — ces ministres d'un Dieu de charité, du Dieu qui naquit dans une étable — pour faire rejeter sur le pauvre, sur le peuple, sur le paysan, qui mouraient de misère, un fardeau qui l'écrasait, et après de tumultueuses séances, ils se séparèrent en déclarant qu'ils ne souscriraient pas au désir du roi.

Un siècle plus tard, voici ce qu'un paysan apprend à Jean-Jacques Rousseau sur sa condition : « Il me fit entendre qu'il cachait son vin à cause des aides, qu'il cachait son pain à cause de la taille, et qu'il serait un homme perdu, si l'on pouvait se douter qu'il ne mourait pas de faim. Cet homme, quoique aisé, n'osait manger le pain qu'il avait gagné à la sueur de son front, et ne pouvait éviter la ruine qu'en faisant étalage d'une misère égale à celle qui régnait autour de lui. »

Voilà les beautés tant vantées par les historiens de

l'ancien régime. Voilà quel fut le rôle charitable du clergé qui, disait-il, avait reçu ses richesses pour servir les pauvres. C'était, il faut l'avouer, une singulière façon de s'acquitter de cette charge.

CHAPITRE XI

LE RÉGENT ET LE CARDINAL DUBOIS

Pour tous ceux qui connaissent quelque peu l'histoire, il est bien avéré que les règnes du régent et de Louis XV furent les règnes précurseurs de la décadence de la Monarchie française. Cependant, une certaine accalmie s'était produite dans la misère du peuple. Le prolétaire fut relativement moins malheureux, pendant cette période, que sous Louis XIV; on avait pu se remettre à travailler la terre et à faire un peu de commerce.

Mais, d'un autre côté, grâce à de honteuses compromissions, la France voyait son domaine colonial amoindri. Le régent, plus occupé de ses scandaleuses amours que des affaires de la Nation, laissait à son compagnon de débauche, le ministre Dubois, le soin de gouverner;

aussi la France avait-elle perdu, avec sa puissance maritime, nos plus belles colonies.

Voilà en quels termes le grand historien Louis Blanc parle de ce triste ministre :

« Heureuse encore la France, si, pour couronner les espérances du favori de Philippe — le régent — il ne lui en avait coûté que son or, dissipé en prodigalités dégradantes ! Mais artificieux dans sa cupidité, Clément XI ne songeait qu'à vendre le plus cher possible ce que l'archevêque de Cambrai désirait si ardemment acheter (1). Il s'étudiait donc à tenir en haleine la passion de son solliciteur, l'enflammant de jour en jour davantage par des lenteurs calculées et des assurances pleines de mensonges.

Livres rares, tableaux, reliures précieuses, argent, le pape prenait tout, promettait sans cesse le chapeau convoité et ne le donnait jamais. Bientôt il exigea que la France fut mise à ses pieds ; il était trop sûr d'être obéi !

De là les efforts de Dubois pour changer en persécution la faveur que le régent avait accordé aux Jansénistes ; de là les manœuvres qui aboutirent à faire déclarer loi de l'Etat cette bulle *Unigénitus*, qui devait engendrer, grâce aux Jésuites, un demi-siècle de haines et de déchirements.

Qu'ajouter au tableau de tant d'ignominies ?

---

(1) Le chapeau cardinalice.

Dubois apprit que l'évêque de Sisteron employait à payer des maîtresses et à mener une vie scandaleuse de plaisirs, une partie des sommes qu'on lui envoyait pour acheter le pape et les cardinaux. On lit, dans une lettre de l'archevêque de Cambrai : « En suivant le chemin que l'évêque de Sisteron m'a marqué avoir fait faire à des montres et à des diamants, j'ai trouvé des détours bien obscurs et d'autres trop clairs. »

Pour un homme tel que Dubois, son agent en cela faisait preuve de génie. Aussi n'eut-il garde de le rappeler; il avait besoin d'être servi par des vices qui ne fussent pas médiocres. Seulement, pour relever la négociation, il adjoignit à Lafiteau le cardinal de Rohan et l'abbé de Tencin. Sur ces entrefaites, Clément XI mourut. L'intrigue prit alors un tour nouveau. Il fut convenu qu'on travaillerait à faire pape celui qui consentirait à faire Dubois cardinal. Décorer de la pourpre romaine l'homme que le régent avait coutume d'appeler *mon drôle*, était devenu la grande affaire de la chrétienneté.

Abrégeons ces détails hideux. L'or fut répandu à pleines mains dans le conclave, suivant l'expression de Dubois lui-même. On fit l'acquisition de toute la famille Albani, comme on fait une emplette de porcelaine. Pour mille écus, l'évêque de Sisteron gagna une courtisane, *Marinalia*, qui exerçait autour du vatican un voluptueux et irrésistible empire. Conti, enfin, ne fut élu pape qu'après avoir pris par écrit l'engagement de donner le chapeau tant convoité et si chèrement payé. Au mois de mai 1723, une assemblée générale du clergé français ayant eu lieu, le président qu'elle nomma d'une voix unanime, ce fut Dubois, tant il avait su envelopper l'Eglise dans son déshonneur!

Le chapeau de cardinal de Dubois coûtait à la France, avec beaucoup d'or et de diamants, le Canada, la Louisiane, en un mot, nos plus belles colonies; elle valut, en outre, un redoublement de rigueurs contre l'Eglise Gallicanne, contre les Jansénistes et — bien entendu — plus de force et de pouvoir aux Jésuites.

Le régent et Dubois venaient l'un et l'autre de donner un fameux coup de hache à l'arbre monarchique, qui devait presque crouler par la conduite licencieuse et scandaleuse de l'ignoble Louis XV. On peut dire avec raison que tous trois furent les meilleurs pionniers pour la démolition de la Bastille.

Mais glissons sur le règne de Louis XV, qui ne fut — tout le monde le sait — qu'une scandaleuse et dégoûtante orgie.

CHAPITRE XII

DU ROLE DE L'ÉGLISE DANS L'INSTRUCTION POPULAIRE

Avant de parler de l'Eglise pendant la Révolution, sous le premier empire et jusqu'à aujourd'hui, disons quelques mots de son rôle dans l'instruction populaire et des moyens employés par les Jésuites pour diriger l'éducation de la jeunesse française, en vue de s'emparer du pouvoir, car tel a été constamment le but de l'Eglise de Rome et des ultramontains.

Il est de mode, chez messieurs les cléricaux, d'essayer de nous faire accroire qu'ils sont les premiers et les seuls qui aient eu la pensée d'instruire le peuple. C'est faux, archi-faux. S'ils ont donné un peu d'instruction au peuple, ce n'était pas par amour pour le peuple, mais simplement parce qu'il fallait défendre l'Eglise de Rome contre la Réforme et aider la Papauté à établir sa domination sur le monde.

Les hommes de l'ancien régime — les prêtres — n'avaient rien fait pour l'instruction du peuple; en cela ils étaient d'accord avec leur principe aristocratique; ils ne pouvaient, d'ailleurs, subsister et se maintenir qu'à la condition de s'emparer de la force morale et intellectuelle de la nation.

Le peuple, sous l'ancien régime, ne comptait pour rien; il était la bête de somme sur qui tout frappait. Le clergé, tout comme l'aristocratie, s'en servait au mieux de ses intérêts. Le bon peuple était tout simplement créé et mis au monde pour travailler au profit des autres, pour souffrir et payer. On lui permettait pourtant de prier, mais en payant, en payant toujours!

Pauvre Jacques-Bonhomme, il n'avait pour lui que la douleur et la souffrance, sous le soleil de l'humanité.

Mais que l'Eglise de Rome le veuille ou non — *elle n'en est pas à ses premiers mensonges* — c'est avec la Réforme qu'est apparue pour la première fois la nécessité d'instruire les classes populaires. Ecoutez ce cri de Luther en 1530 : « J'affirme — dit-il — que l'autorité a le devoir de forcer ceux qui lui sont soumis à envoyer les enfants à l'école. Eh quoi! si l'on peut, en temps de guerre, obliger les citoyens à porter l'épieu ou l'arquebuse, combien plus, peut-on et doit-on les contraindre à instruire leurs enfants, quand il s'agit d'une guerre bien plus rude à soutenir : la guerre avec le mauvais esprit qui rôde autour de nous, cherchant à dépeupler l'Etat d'âmes vertueuses. »

Les protestants, suivant les conseils de leur chef, se mirent à l'œuvre pour instruire la jeunesse.

Alors, dans les pays catholiques, on se plaignit que « des conventicules illicites se tenaient, où, sous prétexte d'enseigner les enfants, on prêchait les nouvelles doctrines ».

Ce ne fut pas son amour du peuple qui guida l'Eglise de Rome; mais se sentant menacée, elle comprit qu'il fallait, pour se défendre, employer les mêmes armes que celles dont se servaient ses adversaires pour l'attaquer.

En 1546, le Conseil de Trente ordonna « qu'auprès de chaque église il y aurait au moins un maître qui enseignât gratuitement la grammaire aux clercs et aux enfants pauvres, pour les mettre en l'état de passer à l'étude des Saintes Lettres, si Dieu les y appelait ».

L'instruction, à cette époque comme aujourd'hui encore, n'était donnée par l'Eglise qu'en vue de préparer des défenseurs pour la vraie Foi et des serviteurs de la Papauté.

Les plus rigoureuses précautions furent prises pour que maître Jacques ne pût s'émanciper du joug ecclésiastique. « Le saint Concile a ordonné — disent les synodes provinciaux — que personne ne serait admis à l'office d'instituteur, soit public, *soit privé.* » Ce sont les mêmes qui parlent aujourd'hui de la liberté des pères de famille, de la liberté de conscience, etc.

Mais continuons : Il disait que le Concile avait ordonné « que personne ne serait admis à l'office d'instituteur, *soit public, soit privé,* qui ne fut auparavant examiné et approuvé par l'évêque du lieu où il se trouvait, sur sa vie, ses mœurs et sa science ».

Dès lors, il n'était pas à craindre que la raison humaine s'affranchît aisément. Il est hors de doute que l'ancien clergé ne vit dans l'enseignement primaire qu'un auxiliaire de Rome ; le maître d'école, comme sous ce bon M. de Falloux pendant le second Empire, ne pouvait être que le domestique du curé.

Louis XIV, qui s'y connaissait en fait de gouvernement despotique et autoritaire, a dit à ce sujet : « La religion catholique est bien faite pour maintenir et aider la Monarchie ».

Un de ses courtisans, écrivain distingué, disait, lui aussi, mais à un autre point de vue : « Il n'est pas utile qu'un paysan sache lire pour se faire valet de charrue. »

D'ailleurs, on l'avait si bien compris, que de tous les services qu'on réclamait de l'instituteur, le moindre était celui d'enseigner : Faire la classe ne devait prendre qu'une faible partie de son temps, car le curé l'engage « pour chanter à l'église, l'assister au service divin et à l'administration des sacrements, pour l'instruction religieuse de la jeunesse, pour sonner l'angelus le matin, à midi et le soir, et à tous les orages qui se produisent dans l'année, puiser l'eau pour faire bénir tous les dimanches, couper le pain qui doit être distribué, balayer l'église tous les samedis, faire la prière tous les soirs, depuis la Toussaint jusqu'à Pâques, enfin, pendant toute la mauvaise saison. Au printemps, aux beaux jours, quand on ne court plus les risques de s'enrhumer et de confesser chaudement, on peut faire sans lui. Aussi, pour choisir l'instituteur *(maître Jacques de sacristie)*, s'il était vrai qu'on leur demandât un peu d'écriture, d'orthographe et de calcul, il n'en est pas moins certain qu'on lui faisait surtout chanter au lutrin, et dans le choix des évêques — comme l'a dit spirituellement M. Guillon — la force de leurs poumons emportait les suffrages.

La conséquence de cet abaissement du maître d'école fut la continuation de l'ignorance parmi le peuple.

On aimait mieux lui faire peur du diable et de l'enfer, lui faire croire aux revenants, que de lui apprendre à lire. Cela faisait mieux l'affaire du clergé et de l'aristocratie. Le pauvre paysan, simple et ignorant, était ainsi plus facile à conduire. Jacques Bonhomme, selon eux, avait été créé et mis au monde pour peiner, souffrir, et pour travailler au profit de ses maîtres.

Le bon Turgot, pendant son intendance à Limoges, disait dans un rapport au roi : « J'ai vu avec douleur, dans beaucoup de paroisses, que le curé seul a signé, parce que personne ne savait signer. Cet excès d'ignorance dans le peuple me paraît un grand mal. J'exhorte messieurs les curés à s'occuper des moyens de répandre un peu plus d'instruction dans les campagnes et à proposer à ce sujet les moyens les plus efficaces ».

Vraiment l'honnête et grand Turgot était par trop naïf de croire que messieurs les curés pouvaient trouver remède à un si grand mal. Ce sont eux, en effet, qui l'ont laissé empirer, s'ils ne l'ont pas même aggravé; il y faudra d'autres médecins pour essayer de guérir cette épidémie, et ce ne sera point de trop de tout l'effort révolutionnaire, pour que ceux « qui épargnent aux autres hommes la peine de semer, de labourer et de recueillir pour les faire vivre », puissent apprendre à lire la déclaration des droits de l'homme et signer leur nom sur les registres de l'état-civil.

Nous allons voir, dans le chapitre suivant, ce que les hommes de la grande Révolution firent alors pour l'instruction de la Nation. Il faut avouer, avec justice, que plusieurs prêtres se mêlèrent à ce mouvement, mais ces prêtres étaient ceux qui avaient accepté la Révolution, et appartenaient, en un mot, à l'Eglise gallicanne.

CHAPITRE XIII

DE L'INSTRUCTION PENDANT LA RÉVOLUTION

Le peuple ne devrait jamais oublier ce que les hommes de la Révolution ont fait pour son instruction. Les noms des Lakanal, Daunou, Ducos, Talleyrand, Condorcet, Lanthenas, Mirabeau et bien d'autres encore, devraient être bénis pour les bienfaits qu'ils ont rendus à l'humanité et à la patrie.

Quand on considère l'étendue de l'œuvre accomplie, on se sent pénétré de gratitude et d'admiration pour ces héros qui ont si bien mérité de la nation.

« Un bon système d'éducation publique — dit Mirabeau — est le seul moyen de combler promptement l'intervalle immense que la constitution politique nouvelle a mis tout à coup entre l'état des choses et celui des habitudes. C'est de lui seul qu'on doit attendre ce complément de régénération qui fondera le bonheur du peuple sur ses vertus et ses vertus sur ses lumières. »

Mirabeau considérait comme une nécessité inéluctable de ne soumettre les établissements d'instruction qu'aux magistrats élus et fréquemment renouvelés par le peuple : « Si c'est la plume qui conduit l'épée et qui donne ou enlève les sceptres, ce sont les instituteurs de la jeunesse, les philosophes et les écrivains de tous genres qui font marcher les nations à la liberté, ou les précipitent dans l'esclavage (1). Il faut donc qu'ils soient toujours aux ordres de l'intéret public. »

J'ai lu dans un de ses discours la phrase suivante, qui m'a vivement frappé : « Ceux qui veulent que le peuple ne sache ni lire ni écrire, se sont fait sans doute un patrimoine de son ignorance. Les mobiles de leur conduite ne sont pas difficiles à apprécier. Mais ils ne savent pas que, lorsqu'on fait de l'homme

---

(1) Les Jésuites, les ultramontains, avaient compris ces judicieuses réflexions du grand tribun. Aussi entreprirent-ils, dès le lendemain du 9 thermidor, cette campagne qui dure toujours et dont le but est de mettre l'éducation de la nation entre leurs mains. Mais le gouvernement a cherché à mettre obstacle à leurs menées ténébreuses. C'est ce qui a fait jeter de si grands cris de colère à la gent cléricale lors du vote de l'article 7 et de l'exécution des décrets. Leur fureur s'explique, car c'est de l'Université laïcisée et républicaine que sortira la victorieuse phalange qui établira à jamais la prépondérance gouvernementale.

M. Buffet, un des leaders des cléricaux, le savait bien quand il disait ces jours derniers à la tribune du Sénat : « Donnez-nous la direction de l'instruction publique, et nous nous ferons républicains. »

Ce serait trop, cher Monsieur Buffet. Mais je reviendrai sur ce sujet dans les chapitres suivants.

un ignorant, on s'expose à le voir, à chaque instant, se transformer en bête féroce. Sans lumière, point de morale. Mais à qui donc importe-t-il de répandre ces bienfaits, si ce n'est aux riches? La sauvegarde de leurs jouissances n'est-elle pas la morale du peuple? Par l'influence des lois, par celle d'une bonne administration, par les efforts que doit inspirer à chacun l'espoir d'améliorer le sort de ses semblables, hommes publics, hommes privés, efforcez-vous donc de répandre en tous lieux les nobles fruits de la science. »

Hélas! oui, Monsieur de Mirabeau; mais ceux qui ont tenu le peuple, pendant quinze siècles, dans l'esclavage, dans le servage; ceux qui se sont fait un patrimoine de son ignorance, voudraient encore aujourd'hui le ramener au bon vieux temps, au temps où, par la peur du diable et de l'enfer, on lui extorquait ses modiques économies tout en le tenant en tutelle. L'heure de la délivrance a sonné. Leur rêve doit s'évanouir; du passé, il ne reste que le souvenir. Le présent appartient au parti libéral. L'avenir est au plus savant et au plus sage.

Mais examinons ce que les hommes de la Révolution ont fait pour l'instruction du peuple.

C'est à Condorcet que nous devons la première idée de créer des écoles primaires de filles. Il eut le grand mérite de formuler cette vérité, qu'il est « rigoureusement nécessaire de séparer de la morale les principes de toute religion particulière (1) et de n'admettre dans l'instruction publique l'enseignement d'aucun culte. L'instruction religieuse, d'après son célèbre rapport, doit être donnée dans les temples, par les propres ministres des divers cultes. Les parents, quelle que soit leur opinion sur la nécessité de telle ou telle religion, pourront alors, sans répugnance, envoyer leurs enfants dans les établissements nationaux, et la puissance publique n'aura pas usurpé les droits de la conscience, sous prétexte de l'éclairer et de la conduire.

De son côté, Talleyrand disait dans son rapport sur l'instruction publique :

« Instruisons donc le peuple, pour affaiblir, sans les faire disparaître, les inégalités inévitables ; instruisons-le pour qu'il conserve, qu'il agrandisse sa liberté, pour qu'il la règle aussi. » Mot profond et vraiment bien digne d'un politique clairvoyant qui pressentait les réelles nécessités de l'avenir.

Ducos proposa le premier de rendre l'enseignement primaire *obligatoire* (excellente réforme que nous ne devions obtenir que cent ans plus tard, grâce à la République) « dût cette contrainte — disait-il — contrarier durement nos mœurs et nos usages ; car, tant

---

(1) Mais les cléricaux, guidés par les Jésuites, se sont bien gardé d'admettre cette sage théorie ; ils ont voulu envers et contre tous accaparer l'éducation de la Nation toute entière ; c'est à ce but que, depuis la Révolution, ont tendu leur effort suprême.

que par une instruction commune on n'aurait pas rapproché le pauvre du riche, le faible du puissant, en vain l'égalité serait-elle proclamée par les lois, la République serait toujours divisée en deux classes : les citoyens et les messieurs. »

Parmi les hommes de la Révolution qui ont le plus fait pour l'instruction populaire, celui qui doit être mis en première ligne est sans contredit Lakanal, Lakanal, qui avait pour devise ces mots sublimes : « Servir la patrie par amour pour elle, et se trouver récompensé par cela seul, alors qu'on l'a bien servie. »

Grâce à lui, la Convention décréta, le 2 octobre 1792, l'établissement du Comité d'instruction publique. Elle créait en même temps l'Université, cette citadelle dont les Jésuites ont depuis fait constamment le siége, sans réussir à s'en emparer entièrement. Il est vrai qu'ils en ont été par deux fois bien près de triompher : en 1850, lors du vote de la loi Falloux, et plus tard, sous le règne de Napoléon III, quand les directeurs ou les confesseurs de l'impératrice parvinrent à renverser M. Duruy, le seul ministre de valeur du second Empire.

Le 2 juin 1793, Lakanal sauva le Jardin des Plantes et obtint la création du Muséum.

Puis, grâce à l'infatigable énergie de son rapporteur, la Convention fonda successivement l'Ecole polytechnique (11 mars 1794), l'Ecole normale (30 octobre 1794), l'Ecole de Mars, autrement dit l'Ecole militaire (1er juin 1794), le Conservatoire des arts et métiers (29 septembre 1794). L'année suivante, elle organisait le Bureau des longitudes (observatoire) et l'Institut national de musique.

Voilà ce que la République de 1793 a fait pour l'instruction en France. Il est vrai que toutes ses décisions ne furent pas immédiatement appliquées; mais les projets étaient établis, les bases étaient jetées. D'autres, plus tard, ont achevé l'œuvre en se servant des matériaux assemblés et préparés par les hommes de la Révolution.

Je ne terminerai pas ce chapitre sans dire encore un mot de Lakanal, dont le nom revient sans cesse à la pensée quand on étudie l'histoire de l'instruction en France. « La République — répétait-il sans cesse avec une conviction profonde — ne peut se maintenir et prospérer que par l'instruction, par l'instruction du peuple surtout. La liberté, sans les lumières du savoir, ne fut jamais qu'une bacchante effrénée. » Aussi, pénétré comme il l'était de la bienfaisante influence qu'exerce l'instruction sur la liberté et sur la gloire des peuples, cet ardent patriote trouva les moyens d'ouvrir des écoles primaires, d'organiser des cours d'agriculture, de fonder des bibliothèques populaires, malgré la modicité des ressources dont il disposait en ces temps critiques.

Ce qu'il y a de vraiment surprenant, c'est qu'à

l'encontre de beaucoup de ses collègues, il ait pu accomplir son œuvre de réformes sans presque avoir recours aux moyens coercitifs : il n'ordonna pas une seule arrestation.

On a attribué à Robert Lindet une noble parole. Chargé, au Comité de salut public, des subsistances de l'intérieur et de l'approvisionnement des armées, ce brave citoyen se serait écrié en refusant d'apposer sa signature au bas d'un ordre d'exécution que lui présentaient ses collègues : « Je ne suis pas ici pour guillotiner la France, mais pour la nourrir. »

Lakanal eut un mot analogue : « J'ai fait tout avec le levier de la raison, rien avec le tranchant de la guillotine. » Il fit mieux, d'ailleurs, que de s'abstenir de sévir; il alla jusqu'à risquer sa tête pour sauver celle des autres :

Un jour, apprenant qu'un de ses anciens condisciples, prêtre insermenté, se cache dans une retraite où il peut, à chaque instant, être découvert, Lakanal va le trouver, lui fournit les moyens de gagner la frontière, et l'accompagne lui-même nuitamment jusqu'à ce qu'il soit hors de danger.

Cet acte généreux est dénoncé au Comité de salut public comme une trahison; mais Lakanal a donné trop de preuves de civisme; la lettre de dénonciation lui est envoyée de Paris. Aussitôt il adresse à son accusateur cette réponse, digne des héros de l'antiquité :

« J'avais reçu mission expresse de te faire arrêter, parce que tu avais signé une pétition calomnieuse contre moi; mais lorsque Lakanal est juge dans sa propre cause, ses ennemis sont assurés de leur triomphe; il ne sait venger que les injures de la Patrie. Je t'obligerai lorsque je le pourrai. C'est ainsi que les représentants du peuple repoussent les outrages. Tu as cinq enfants devant l'ennemi : c'est une belle offrande à la liberté; je te décharge de la taxe révolutionnaire.

» Lakanal. »

Pour terminer sur Lakanal, je ne puis m'empêcher de citer la première partie de son mémorable rapport sur les écoles primaires :

« Citoyens Représentants,

» Ce n'est pas assez d'avoir assuré le triomphe de la liberté publique, par l'énergie de votre courage et l'ascendant de vos lumières; vous voulez transmettre cette importante conquête à vos enfants; mais ce serait un stérile bienfait que de ne pas chercher à en garantir la durée. De là naît pour vous le besoin de les préparer, par des lumières, à conserver cette liberté, fruit de longs efforts et des sublimes travaux de leurs pères. De là la nécessité de l'instruction.

» Un peuple éclairé doit se maintenir libre. Eh! comment pourrait-il avoir la faiblesse de traîner ses fers, s'il peut se faire une juste idée de l'homme!... s'il voit un tyran avec toute l'horreur qu'il inspire!...

» L'ordre social est fondé sur des lois; les lois s'appuient sur nos mœurs; les mœurs s'épurent et se conservent par l'éducation. L'instruction et l'éducation doivent marcher ensemble et se prêter un appui mutuel, car — comme l'a dit un philosophe célèbre — on ne forme pas l'homme en deux temps. En renversant la tyrannie, le premier pas à faire c'est de répandre des lumières; sans elles le froid inactif de l'ignorance gagnerait bientôt jusqu'aux extrémités du corps social, et vous auriez amené les Français à cet état de dégradation où voulait les réduire un des vizirs que nous nommions ministres, lequel se flattait que bientôt on n'imprimerait plus en France que des almanachs... »

Ce court extrait suffit pour démontrer clairement combien les hommes de la Révolution étaient pénétrés de l'importance considérable de l'instruction et combien ils appréciaient à sa juste valeur l'influence bienfaisante qu'elle devait exercer sur l'avenir de la patrie et sur le développement de la liberté.

Le premier rapport qui ait été fait sur l'instruction publique, fut déposé à l'Assemblée nationale le 19 septembre 1791. Le rapporteur s'était inspiré des idées de Jean-Jacques Rousseau. Il concluait à la *gratuité*, mais n'acceptait pas l'*obligation*. L'article XI du projet de règlement sur l'instruction primaire était ainsi conçu : « Ecrire les exemples qui rappelleront aux citoyens leurs droits, les premiers éléments de morale, en s'attachant surtout à faire connaître les rapports de l'homme avec ses semblables (1).

---

(1) Il existe encore une lacune bien regrettable dans nos programmes destinés aux écoles communales : il n'y est pas question de l'étude du droit administratif. Or, les élèves, dès leur plus tendre enfance, devraient y apprendre les premières notions du droit administratif, dont la connaissance est indispensable à ceux qui vivent sous un régime gouvernemental émanant du suffrage universel.

En avril 1792, un autre rapport sur l'instruction publique fut déposé par Condorcet; mais ce rapport resta lettre morte, l'Assemblée se sépara quelques jours après, sans avoir trouvé le temps de le discuter et de le voter. Ce fut très regrettable, car ce rapport renfermait d'excellentes choses.

M. Jules Simon écrivait, en 1868, à ce sujet : « Ce rapport faisait une large part à la philosophie dont il ne séparait pas la politique. On croyait alors que la liberté était le pouvoir d'obéir uniquement à la raison, et qu'il fallait commencer par être libre chez soi, libre de passions et de préjugés, pour exercer dignement au dehors les droits du citoyen. On luttait à la fois contre le despotisme du gouvernement monarchique et contre l'Eglise de Rome, l'un qui enchaînait l'action, l'autre qui troublait la raison et en faussait le libre arbitre ».

Ce même rapport, légèrement modifié, fut de nouveau déposé par Lanthenas, en novembre 1792. Il concluait alors à la création d'une école pour quatre cents habitants et pour une étendue de mille toises (deux kilomètres).

L'enseignement religieux serait *exclu des écoles et permis seulement dans les temples.*

Son article X sur l'instruction primaire était ainsi libellé :

« On apprendra aux enfants la déclaration des droits

de l'homme et du citoyen, et la constitution de la République française.

» Une bibliothèque sera jointe à chaque école primaire ».

Enfin, le dernier rapport qui fut présenté sur ce sujet, pendant la Révolution, fut celui de Lakanal, dont j'ai déjà parlé. Un de ses articles mérite d'être cité, car il renfermait des prescriptions fort sages :

« La Nation accordera aux enfants peu fortunés qui auront montré, dans les écoles nationales, le plus de dispositions pour les arts, les sciences ou les lettres, des secours particuliers qui les mettent à portée d'acquérir des connaissances supérieures et des talents dans les écoles particulières de l'Etat ».

On trouve encore dans ce rapport cette phrase qui doit être citée : « C'est que les tyrans que vous venez de renverser, craignent les hommes éclairés comme les voleurs et les assassins craignent les reverbères. »

Malheureusement pour la France, toutes ces grandes et généreuses idées, tous ces excellents projets ne purent se réaliser de suite ; il en est même qui attendent encore aujourd'hui d'avoir force de loi après un siècle de luttes incessantes pour la liberté.

A la Révolution succéda la réaction, et grâce à la réaction, les hommes noirs et les Jésuites purent travailler à détruire l'œuvre de ces bienfaiteurs de l'humanité. Il en est ainsi chaque fois que le césarisme et l'ultramontanisme sont au pouvoir. Lorsque domine le cléricalisme, adieu les projets élaborés en vue de donner satisfaction aux besoins du peuple. Non seulement on feint d'en ignorer l'existence, mais encore on s'applique à effacer la trace de tout ce qu'ont fait les citoyens généreux et patriotes.

CHAPITRE XIV

NAPOLÉON Ier ET LA RESTAURATION

Après le 9 Thermidor, le pouvoir échut à Napoléon. Le règne de l'homme de Brumaire fut néfaste entre tous pour l'instruction populaire.

Pas d'argent, pas même de règlements pour les écoles publiques. On ne rêvait qu'à la guerre. Aussi la seule chose à laquelle le gouvernement songea, ce fut à décréter que les enfants joueraient aux soldats dans les écoles de l'Etat. On leur donna un uniforme et des tambours.

Sous Bonaparte, l'instruction du peuple fut totalement délaissée. A ce conquérant effréné, à ce tyran, il fallait autre chose que des hommes instruits. Ce qu'il voulait, c'était des soldats, de la vulgaire chair à canon. Les hommes, pour lui, n'étaient que des pions sur le sanglant échiquier des batailles.

On a beaucoup trop vanté son soi-disant amour pour le peuple ; lui-même a essayé de protester, dans son testament de Sainte-Hélène, de sa paternelle affection pour ses sujets. Mensonge ! Est-ce qu'un conquérant peut aimer le peuple, ce peuple dont il se fait un marchepied pour atteindre à la gloire ? Son ambition satisfaite, que lui importe l'instrument ; voilà jusqu'où va son amour.

Mais si Napoléon Ier n'aimait pas le peuple, en revanche, il détestait cordialement les Jésuites. Aussi, au lieu de leur accorder ce qu'ils demandaient ouvertement, sachant que par des menées ténébreuses ils cherchaient à s'emparer de l'éducation de la jeunesse française, il prit en main la défense de l'Université, et, par son décret du 17 mars 1808, enleva tout espoir aux disciples de Loyola.

Voici quelques extraits de ce document fameux :

« Nul ne peut enseigner ni ouvrir une école sans être membre de l'Université impériale et gradué par ses Facultés. »

C'est ce décret qui a été abrogé par l'assemblée cléricale de 1871, nommée dans un jour de malheur. On voulut par là permettre aux ultramontains de fonder les Universités catholiques, qui devaient alors, selon eux, renverser la vieille Université.

Ce fut Napoléon et l'ancien conventionnel Fourcroy qui, dans leur rage de centralisation, firent dépendre l'Université du chef de l'Etat ; les lycées, colléges et écoles, des préfets. Ces dispositions néfastes, les différents gouvernements qui se sont succédés depuis se sont bien gardés de les modifier. Elles le seront, dans un esprit plus pratique et plus libéral, avant peu, il faut l'espérer, car il est juste et il est nécessaire aussi, pour la bonne organisation du service, que les professeurs et les instituteurs ne dépendent que de leurs chefs hiérarchiques directs. C'est là le seul moyen de leur assurer l'indépendance et la liberté indispensables à l'exercice de leurs fonctions.

L'asservissement de l'Université pouvait se comprendre sous des gouvernements autoritaires, mais non sous un gouvernement républicain. On comprend — je le répète — que des despotes aient osé transformer les éducateurs du peuple en instruments serviles de leur volonté. Rien d'étonnant que, sous le second Empire, on ait transformé les instituteurs en machines électorales; mais il est monstrueux qu'un gouvernement libéral suive les mêmes errements.

La situation n'est plus la même. Dans un Etat indépendant, l'indépendance des instituteurs doit être absolue. Il est bien entendu que cette indépendance ne doit pas aller jusqu'à permettre à des fonctionnaires de combattre le Gouvernement qui les paye; mais elle doit être assez large pour sauvegarder au moins la dignité électorale.

Passons à la Restauration :

Le budget de l'Instruction Publique était alors de

cinquante mille francs, oui, 50,000 fr., pas un centime de plus. C'était avec ces ressources dérisoires qu'on prétendait instruire la Nation. Il est vrai que le crédit fut porté à trois cent mille francs en 1830, quelques jours avant la révolution de Juillet.

Que pouvait-on bien faire avec cette modique somme pour l'instruction publique ?... Heureusement pour l'Etat, malheureusement pour le peuple, il y avait quelqu'un qui veillait et qui ne demandait pas mieux qu'on le laissât se charger, gratuitement même, du soin d'y pourvoir. Ce quelqu'un, c'était le Gésu, c'était la trop célèbre Compagnie qui, voyant ses amis au pouvoir, essaya de profiter de l'occasion en se faufilant en France, où elle fonda des collèges. Le premier établissement des Jésuites fut celui de Saint-Acheul, dans la Somme. Il ne tarda pas à avoir de nombreuses succursales à Aix, à Billom, à Bordeaux, à Dôle, à Forcalquier, à Montmorillon, à Sainte-Anne-d'Auray, enfin, dans toutes les parties de la France.

Les Jésuites firent de si rapides progrès, que leur audace s'accrut au point qu'ils rêvèrent soit de détruire l'Université, soit de s'en faire un instrument de domination. Malgré leur astuce et leur rouerie habituelle, ils échouèrent; mais ils créèrent à côté d'elle un enseignement rival. Ce fut, comme en 1874, la collation des grades universataires, un des grands succés de la contre-Révolution.

Ce qu'il y a de curieux, c'est qu'en 1824, en pleine

monarchie du droit divin, les libéraux montrèrent plus d'énergie que sous le gouvernement parlementaire du second Empire.

Effrayés des progrès rapides de la noire Compagnie, ils cherchèrent à lui opposer une digue.

L'affaire fut portée devant les Chambres.

Commencé le 5 juillet 1826, le procès ne fut terminé que le 17 juin 1828. Les libéraux triomphèrent, malgré une campagne où tout fut mis en œuvre, où le parti clérical ne recula devant aucun moyen pour procurer la victoire à ses protégés.

Voici la teneur de la fameuse ordonnance qui clôtura le débat :

« Charles, etc.,

» A tous ceux présents et à venir, salut ;

» Attendu qu'il nous a été rendu compte que, parmi les établissements connus sous le nom d'écoles secondaires ecclésiastiques, il en reste huit qui se sont écartés du but de leur institution, en recevant des élèves dont le plus grand nombre ne se destine pas à l'état ecclésiastique ;

» Que ces huit établissements sont dirigés par des personnes appartenant à une congrégation religieuse non légalement établie en France ;

» Voulant pourvoir à l'exécution des lois du royaume ;

» De l'avis de notre Conseil,

» Nous avons ordonné et ordonnons ce qui suit :

» Article 1er. — A dater du 1er octobre prochain, les établissements connus sous le nom d'écoles secondaires ecclésiastiques, dirigés par des personnes appartenant à une congrégation religieuse non autorisée et actuellement existant à Aix, Billom, Bordeaux, Forcalquier, Montmorillon, Saint-Acheul et Sainte-Anne-d'Auray, seront soumis au régime de l'Université.

» Article 2. — A dater de la même époque, nul ne pourra être ou demeurer chargé soit de la direction, soit de l'enseignement dans une des maisons dépendantes de l'Université, ou dans une des écoles secondaires ecclésiastiques, *s'il n'a affirmé*, PAR ÉCRIT, *qu'il n'appartient à aucune congrégation religieuse non légalement établie en France.*

» Article 3. — Nos ministres secrétaires d'Etat sont chargés de l'exécution de la présente ordonnance, qui sera insérée au *Bulletin des Lois*.

» Donné en notre château de Saint-Cloud, le 16 juin de l'an de grâce 1828, et de notre règne le quatrième.

» Signé : CHARLES.

» *Le pair de France, garde des sceaux, ministre secrétaire des lois au département de la justice,*

» Signé : Comte PORTALIS. »

C'était bien peu connaître les Jésuites, que de les croire capables de tenir leur serment et de faire honneur à leur signature. Est-ce que les règles de leur

Ordre ne leur permettent pas de mentir, de faire de faux témoignages, et même d'assassiner quand c'est pour la bonne cause?

L'ordonnance royale resta lettre morte. Les Jésuites s'en moquèrent. Ils sortirent par la porte et rentrèrent par la fenêtre. L'éviction ne frappant que les Jésuites, ils changèrent de nom, se firent appeler « les Pères de la Foi », et la farce fut jouée.

Armand Carel disait d'eux dans *le National*, le 17 octobre 1832 :

« La Restauration est tombée, et avec elle les Jésuites — *on le croit du moins.* — Cependant, toute la France a vu la famille des Bourbons faire route de Paris à Cherbourg et s'embarquer tristement pour l'Angleterre. Quant aux Jésuites, on ne dit pas par quelle porte ils ont fait retraite; personne n'a plus songé à eux, le lendemain de la Révolution de Juillet, ni pour les attaquer, ni pour les défendre. Y a-t-il, n'y a-t-il pas encore des petits séminaires, des congrégations non autorisées par les lois? Il n'est pas aujourd'hui de si petit esprit qui ne se croit avec raison au-dessus d'une pareille inquiétude, et de très grands esprits s'étaient consacrés, sous la Restauration, à inspirer à la France la haine et la peur de cette fameuse Congrégation Jésuitique qui n'existait peut-être point, ou ne valait pas la peine qu'on s'enquît de son existence. On savait que la SOCIÉTÉ DE JÉSUS, proprement dite, n'offrait pas de bien grands dangers. On n'en voulait qu'à l'esprit jésuitique, l'esprit dévot, l'esprit tartufe; c'était l'esprit de la dynastie régnante. On s'entendait à merveille sur la valeur du mot « Jésuitisme » : il était synonyme de dévouement à la légitimité. On disait, dans ce temps là, « Jésuite » pour « royaliste »; on dit, aujourd'hui, « Jésuite » pour « ultramontain », pour « anarchiste. »

Si Armand Carrel a écrit ces lignes, c'est qu'il s'était aperçu, sans nul doute, que les fameuses Ordonnances de 1828 — tout comme l'exécution des non moins fameux décrets de ces temps derniers — n'avaient été qu'une vaste plaisanterie. Les Jésuites sont encore dans leurs collèges. Ils ont autant sinon plus d'élèves qu'ils en avaient auparavant. Le gouvernement n'a pas su leur mettre une muselière assez solide. Pour les empêcher de mordre, il faut leur arracher les dents.

« Aux grands maux les grands remèdes. » Or, le mal dont souffre la société est atroce, intolérable. Ce n'est pas un palliatif anodin dont on puisse se contenter. Que l'on applique le fer rouge sur la plaie, et tout le monde libéral applaudira.

D'abord, que les élèves des Jésuites soient mis en interdit; qu'on les évince légalement de tous les postes de l'Etat, car ils sont élevés dans la haine du gouvernement. Actuellement, c'est le contraire qui a lieu : toutes les carrières leur sont ouvertes, ils se faufilent partout; ce sont toujours eux qui sont les préférés, car ils trouvent toujours quelques amis complaisants pour les recommander auprès des députés républicains. Neuf fois sur dix — et nous pourrions fournir la preuve de cette assertion — c'est sous le patronage inconscient d'hommes appartenant à la majorité parlementaire que les pires ennemis de la République entrent ou obtiennent de l'avancement au choix hors tour dans les administrations de l'Etat. C'est parce que nos ministres sont circonvenus par leurs meilleurs amis, que nous voyons à chaque instant de ces nominations scandaleuses contre lesquelles proteste la conscience publique. On s'en prend à tort aux gouvernants; si l'on allait au fond des choses, si l'on compulsait les dossiers des ministres, combien y trouverait-on de lettres de fougueux intransigeants, de ceux précisément qui réclament a grands cris la séparation des églises et de l'Etat ?

Non ! la responsabilité de tous ces abus n'incombe pas aux ministres, mais bien aux députés complaisants.

CHAPITRE XV

DES JÉSUITES

Spuller a dit un jour :

« L'histoire de la civilisation moderne nous démontre qu'à la suite de chaque tentative faite par la raison humaine, pour reconquérir ses droits, il s'est formé, soit une société religieuse, soit une congrégation pour arrêter le progrès dans sa marche ».

Le Jésuitisme naissant après le mouvement du libre examen de la Réforme, en est une preuve éclatante. C'est, de plus, une conspiration contre la vérité; c'est la conspiration du mensonge et de la fourberie.

Arme terrible que cette épée dont la poignée est à Rome et la lame partout!

Le principal but visé par les Jésuites est l'accaparement de l'Instruction Publique. Quand ils seront arrivés à leurs fins, ils seront les maîtres de la nation. Ecoutez cette déclaration instructive de M. Buffet, que j'ai déjà citée : « Donnez-nous l'Instruction, et nous nous ferons républicains ».

D'après leur maxime « qui veut la fin veut les moyens », les Jésuites manœuvrent de manière à s'approcher tous les jours davantage de leur objectif. Tous les moyens sont bons pour eux. Le succès justifie tout. Leur stratégie est d'ailleurs fort habile. Simultanément ils s'efforcent d'attirer à eux la masse en même temps qu'ils travaillent à l'éloigner de l'Université. Pendant qu'ils auréolent d'un nimbe la tête de leurs professeurs, ils représentent ceux de l'Université sous les traits d'affreux démons.

Et puis voyez avec quelle sollicitude paterne ils

conduisent leurs élèves par la main. Des classes élémentaires jusqu'à la philosophie, ils les suivent pas à pas. Ils ne les abandonnent pas même lorsqu'ils ont quitté leurs collèges, pour achever leurs études dans des Facultés de l'Etat. A Paris, à Lyon, à Montpellier, partout, les jeunes gens élevés sur les genoux de l'Eglise ont leurs hôtels, leurs restaurants désignés d'avance. Partout ils retrouvent leurs anciens amis ou condisciples; leurs relations avec les bons pères se continuent; elles ne subissent pas d'arrêt. Ainsi élevés et éduqués, ils demeurent forcément la chose des Jésuites, et, plus tard, lorsqu'ils sont rentrés dans la famille et qu'ils sont en état de jouer leur rôle sur la grande scène du monde, ils restent les ultramontains que nous connaissons, les énergiques et fidèles défenseurs des idées monarchiques et réactionnaires.

Il faut le reconnaître, les Jésuites sont bien forts, et ce qui est remarquable, c'est que le secret de leur force réside précisément dans le maintien de deux principes que nous, les républicains, nous avons pris à tâche de faire disparaître de notre constitution et de nos mœurs politiques :

Une hiérarchie parfaitement établie de la base au faîte, une rigoureuse discipline. La pièce angulaire de l'édifice, c'est l'obéissance passive la plus absolue. Ce principe, Loyola avait consacré sa vie à le prêcher, et son esprit était tellement pénétré de l'importance de cette règle fondamentale de son Ordre, qu'à son lit de mort il retrouva assez de force pour suspendre son agonie pendant quelques instants. « Ecrivez, dit-il : Que la Compagnie connaisse bien ma dernière pensée sur la vertu d'obéissance. » Il dicta cette phrase célèbre qui lui était inspirée sans doute par sa propre situation : « *Que tout Jésuite soit dans la main de son chef comme un cadavre.* » *Perindeac cadaver.*

Cette recommandation, empreinte d'une lugubre énergie, s'est gravée si profondément dans le cerveau de ses disciples ; ils en ont si bien compris la portée, qu'ils n'hésitent pas à mettre la vertu d'obéissance avant tout. L'observation même de la loi de Dieu ne vient qu'en seconde ligne : « Le subordonné qui obéit à son supérieur agit toujours méritoirement, quand même il violerait les lois de Dieu. » (Th. morale, p. 38-39.)

Le supérieur commande le meurtre ou le parjure, que la loi de Dieu défend ; le Jésuite n'a qu'à obéir.

Si forte est la vertu d'obéissance pour le Jésuite, qu'il est assuré de faire son salut, même en commettant un assassinat ou en faisant un faux serment. L'homme a cessé complètement de s'appartenir. Chacun a remis toute sa liberté aux mains de celui qui le précède immédiatement dans l'ordre hiérarchique. Nul ne retient rien pour lui, et ce trésor, accumulé de toutes les libertés individuelles, est transmis de proche en proche jusqu'à ce qu'il se concentre enfin entre les mains du général des Jésuites, le seul homme libre de l'univers.

C'est bien le cas de répéter le mot de Michelet : « Perdre la liberté, ô Dieu ! Et que reste-t-il après cela ? »

De plus, il n'y a pas à en douter, le gouvernement de la Compagnie de Jésus a pour principal facteur l'espionnage universel. Tous ses membres n'espionnent pas seulement les profanes et les adversaires; ils s'espionnent encore les uns les autres.

L'obéissance aveugle ne suffirait pas pour assurer le fonctionnement de ce pouvoir occulte, il faut encore que la délation et la dénonciation viennent à la rescousse.

Le grand cardinal de Richelieu, qui était un admirateur zélé de leurs constitutions, a dit ceci : « La constitution de saint Ignace est la plus parfaite des constitutions. C'est un modèle pour le gouvernement politique; quoi de plus fort qu'une dictature soumise à l'élection éclairée par mille conseils journaliers sur les idées, les besoins et la pensée de tous ! »

On a maintenant le secret de cette organisation si bien faite pour plaire à un homme de la trempe du tyrannique ministre de Louis XIII.

« Le régime des Jésuites n'est pas l'idéal d'un gouvernement vraiment honnête et digne de ce nom. C'est plutôt l'idéal d'un vaste ministère de la police universelle.

Dans cet ordre d'idées, Loyola ne sera jamais dépassé, ni même égalé; et la constitution qui, est son œuvre, mérite les éloges qui lui ont été prodigués surtout par ceux qui font profession de mépriser les hommes pour mieux les asservir : La délation érigée en système de gouvernement, l'espionnage mutuel élevé au rang des vertus... ce ne sera jamais là qu'une honteuse dépravation morale.

Ce germe, déposé dans les constitutions, a été, en somme, fatal à l'Ordre. Les Jésuites sont devenus une puissance oppressive, mais à quel prix? Le monde les a haïs et méprisés dès qu'il les a connus. Dans notre pays surtout, l'épithète « Jésuite », accolée au nom d'un citoyen, est considérée comme une flétrissure. Ce n'est pas impunément que, « même pour la plus grande gloire de Dieu », on froisse les sentiments les plus purs et les plus sacrés de l'âme. Les apologistes des Jésuites ne sauraient convaincre la conscience du genre humain tout entier d'erreur ou de passion; aussi la masse leur échappe-t-elle, au grand honneur de ceux qui, protestant contre ces abominables doctrines, font briller aux yeux du public le flambeau de la vérité...

Ecoutez ce que dit encore le cardinal de Richelieu dans son célèbre testament :

« Une Compagnie qui, se gouvernant plus qu'aucune autre, n'a jamais rien fait que par les lois de la prudence, et qui, se donnant à Dieu sans se priver des choses de ce monde, vit dans une si parfaite correspondance qu'il semble qu'un même esprit anime tout son corps; une Compagnie qui est soumise par un vœu d'obéissance aveugle à un chef perpétuel ne peut, suivant les lois d'une bonne politique, être beaucoup autorisée dans un Etat auquel une communauté puissante doit être redoutable.

» S'il est vray — comme c'est une chose certaine — qu'on se plaist naturellement à avancer ceux dont on a reçu les premières instructions, et que les parents ont toujours une particulière affection pour ceux qui ont rendu ces offices à leurs enfants, il est vray, aussy, qu'on ne saurait commettre l'entière éducation des jeunes gens aux Jésuites, sans s'exposer à leur donner une puissance d'autant plus suspecte aux Etats, que toutes les charges et les grades qui en donnent le maniement seraient enfin remplis de leurs disciples, et que ceux qui, de bonne heure, ont pris un ascendant sur les esprits, le retiennent quelquefois toute leur vie. »

Ne dirait-on pas que ces mémorables paroles sont d'hier, tant l'à-propos est frappant? Et dire qu'il a fallu les désastres de l'année terrible, la grande Débacle et l'effondrement de **1870-1871**, pour qu'on s'aperçoive du degré d'abaissement auquel nous avait conduit les Jésuites, grâce aux complaisances du second Empire.

Les cléricaux voudraient aujourd'hui s'emparer de

l'éducation des enfants du peuple, comme ils se sont emparés — sinon en totalité, du moins en très grande partie — de celle des enfants de la bourgeoisie. Ils savent parfaitement combien peu l'Université pourrait soutenir la concurrence avec les institutions soi-disant libres dirigées par les Jésuites. La lutte ne serait pas longue : les libéraux, qui ne savent ni ne veulent intriguer, seraient bientôt livrés, pieds et poings liés, à ceux qui ont à leurs genoux, courbés sous leur puissance, les femmes, les vieillards et les mourants ; à ceux qui disposent de mille moyens pour capter la confiance et pour estorquer l'argent des riches. D'ailleurs, les Jésuites, sans risquer de se ruiner, ne peuvent-ils pas donner l'instruction à un rabais tellement considérable, que l'Etat même serait obligé de capituler devant eux ? Allez donc tenir tête aux maîtres du confessionnal !

Cette dernière considération n'avait pas échappé à Richelieu. « Si l'on ajoute — dit-il — que l'administration du sacrement de pénitence donne à cette Compagnie une seconde autorité sur toutes les personnes, qui n'est pas de moindre poids que la première, ils pénètrent les plus secrets mouvements des cœurs et des familles, il sera impossible de ne pas conclure qu'ils ne doivent pas être seuls au ministère en question..... » (Page 145.)

Et moi, j'ajoute qu'ils ne devraient pas y être du tout ; eux pas plus que les autres, car, sans parler du confesseur de Jeanne d'Arc, combien de ces doux pasteurs d'âmes ont abusé du secret de la confession pour perdre leurs ouailles !

CHAPITRE XVI

DE LA VERTU D'OBÉISSANCE ET DE L'ÉDUCATION CHEZ LES JÉSUITES

Spuller a dit dans son ouvrage sur les Jésuites : « La vertu d'obéissance chez les Jésuites, combinée par des chefs habiles avec certains ménagements, peut anéantir jusqu'à la trace des instincts généreux les plus marqués. Par exemple, ordonnez crûment à des écoliers de passer leurs récréations à s'espionner, à se dénoncer les uns les autres, ils se révolteront ; ils refuseront d'obéir ; mais les bons pères ont une autre façon de s'y prendre pour enlever à l'enfant tout ce qu'il a de bon et de généreux dans la nature.

A Saint-Acheul, on obtenait sans peine ce résultat. L'élève qui, en classe ou à l'étude, avait le dernier commis une faute, n'était pas immédiatement puni ; on se contentait de lui remettre le *signum* — morceau de bois, de carton ou de métal — qu'il devait rapporter au maître, à moins qu'il ne fût parvenu, pendant la récréation, à s'en débarrasser sur un de ses camarades surpris en faute.

Il n'était pas permis de refuser le *signum*, et en entrant à l'étude, celui entre les mains de qui il se retrouvait payait seul pour tous les autres.

C'était l'espionnage fondé sur l'intérêt personnel ; vous concevez que pour éviter le pain sec ou les arrêts, la vigilance n'était pas endormie, et qu'au besoin l'espion devenait agent provocateur.

Par cette invention machiavélique, on instruisait les enfants à vivre dans une défiance continuelle et réciproque ; on supprimait le plus doux des bienfaits de l'éducation en commun : les amitiés de collége ; on commençait, dès l'âge le plus tendre, à flétrir le cœur par le soupçon, et à le pervertir par l'égoïsme. L'enfant, accoutumé à l'espionnage et à la délation, devenu homme, ne devait pas reculer lorsque son intérêt lui conseillait l'emploi des mêmes moyens.

J'ignore si le *signum* continue à jouer son rôle dans les établissements actuels des Jésuites ; mais on sait que ces pères ne modifient point leurs usages, ou tout au plus n'en modifient que les apparences. L'esprit est immuable, et le *signum* doit encore exister sous une autre forme — peut-être un peu plus cachée — mais je suis bien certain qu'il existe encore.

Or, quelle société pouvait sortir de là???

On peut en juger par l'état déplorable où ils ont réduit notre clergé rural, en y organisant aussi l'espionnage et la délation. Voyez leurs élèves; examinez surtout les jeunes pendant leurs vacances : ils fuient leurs camarades d'enfance; ils n'ont pour amis que les humbles, ceux qui, par leur situation de fortune, sont au-dessous d'eux; ils n'ont pas ces élans, cette exubérance de la jeunesse; fiers, hautains, ils s'efforcent d'apparaître comme les descendants d'une race supérieure, pétris qu'ils sont de cette pâte malsaine qui fait des orgueilleux et des méchants, de faux amis. Ils gardent pour la vie le stigmate de cette éducation funeste, qui a fait d'eux de mauvais citoyens et de mauvais patriotes, car leur patrie est à Rome; la France, pour eux, ne compte pas.

Livrer aux Jésuites l'éducation de la jeunesse française, ce serait porter le dernier coup à nos libertés si chèrement conquises par trois révolutions.

Il est bien certain que du jour où les Jésuites auront les enfants pour élèves, ils seront bien près d'avoir pour clients les pères et les mères, c'est-à-dire tout le monde. Ils deviendront alors les maîtres du présent et de l'avenir. Aussi leur cri de guerre était-il : « Mort à l'Université! » dans cette expédition qu'ils ont entreprise contre l'Etat, au lendemain de la Révolution de 1789. En attirant l'attention par le bruit qu'occasionne cette petite querelle de boutique, ils espèrent empêcher le public de découvrir le vaste plan qu'ils ont élaboré en vue d'une attaque générale.

Si la campagne Boulangiste avait réussi, c'en était fait de l'instruction civique. Les Jésuites avaient bien choisi le chef du mouvement dans le fourbe qui portait des cierges à Bellay. Leur première pensée était de ruiner l'Université en arrivant au pouvoir, afin de satisfaire leur immense besoin de vengeance. Car, qui s'est opposé aux empiètements des Jésuites dès leur origine? l'Université. Qui leur fit interdire ce nom arrogant de Compagnie de Jésus? encore l'Université.

Dans l'assemblée tenue à Poissy, en 1560, par l'Eglise gallicane, qui a défendu contre eux et maintenu les libertés de l'Eglise gallicane? qui, en un mot, a empêché l'institution de Saint Ignace d'arriver au but? Encore et toujours l'Université.

Oui, c'est l'Université seule qui a osé soutenir en face de l'Europe un procès contre les Jésuites, et ce procès, elle l'a gagné.

Ce que les ultramontains cachent derrière ce mot de M. Buffet : « *liberté d'enseignement* », c'est — comme je l'ai dit bien souvent — le monopole clérical le plus intolérant et le plus excessif qu'il se puisse concevoir. Sur cette question, tous les esprits calmes et sensés sont d'accord.

Ecoutez ce qu'à ce sujet écrit un des leurs, l'abbé Combalot :

« L'Université forme des intelligences prostituées

qui vont chercher au fond des enfers la glorification du bagne, de l'inceste, de l'adultère et de la révolte. »

— Ainsi, vous n'auriez jamais cru ça?... C'est l'abbé Combalot qui l'écrit. Ce sont les enfants de l'Université qui souillent leurs festins par des orgies sauvages!... Voyez cette nuée de journalistes, de faiseurs de feuilletons, de pamphlets, ils sont tous sortis de l'antre du Monopole, et, d'ailleurs; quoi de plus nature que le Monopole pour engendrer des monstres? « L'Université pousse les jeunes générations au brutisme de l'intelligence; elle automatise l'écolier. » — *Quinet, Michelet, Cousin, Auguste Comte,* voilez-vous la face : vos leçons n'ont été bonnes qu'à faire des cancres des meilleurs et des plus intelligents parmi la jeunesse française! Mais continuons : — « L'Université double toutes les puissances de l'homme pour le mal *incombant* à la fois sur toutes les facultés humaines; elle irrite la dépravation native; elle exalte toute l'énergie corruptive; elle livre les écoliers aux seuls instincts de la bête; ils ne vivent plus que par le côté matériel de l'existence. Des appétits, des habitudes vicieuses, des pratiques contre nature, des mœurs abominables, deviennent alors le caractère dominant de la génération élevée dans les collèges de l'Etat!!! »

De plus en plus fort. « On épouvanterait la terre, si on racontait les scènes d'impiété, de sacrilége et de scandale devenues si fréquentes dans l'histoire des collèges du Monopole! Ah! ils auront une *pesante mémoire à porter*, ces hommes qui moissonnent un salaire homicide sur l'âme et sur la foi des jeunes générations!

« Les livres les plus infâmes, les feuilletons les plus obcènes, sont devenus le catéchisme de morale des enfants de leurs collèges!

« Frappez du glaive excommunicateur les chapelles des collèges universitaires! Que le sacrifice du Christ ne s'offre plus sur des autels profanés! Que la voix du prêtre se taise, pour jamais, sous ces voûtes témoins de tant d'impiété et de tant de blasphèmes! Séparez la lumière des ténèbres, Jésus-Christ de Bélial! Laissez tomber du trône de la vérité et de la justice où vous êtes assis, un interdit solennel sur des collèges où l'on apprend à vos enfants à se passer de Dieu, et à mépriser le sang et la grâce de Jésus-Christ! *Défendez aux pasteurs des paroisses d'admettre à la première communion et à la Pâque des chrétiens, les enfants catholiques que le Monopole s'efforcerait de tenir dans son sein, quand vous l'aurez marqué du signe de vos immortelles malédictions!* »

Bravo! monsieur l'abbé! On ne pourrait ni mieux dire, ni mieux médire. Par malheur, vous avez prêché dans le désert. Vous n'avez plus l'Inquisition ni ses bûchers. On se rit maintenant de vos excommunications. Mais, en tout cas, vous ne cachez pas le secret de vos projets. Et vous osez parler de la liberté des pères de famille! de la liberté de conscience! Ah! si jamais vous deveniez les maîtres, nous savons de quelle façon vous pratiqueriez le respect de la volonté des parents; vos représailles, alors, seraient terribles. Alors que nous, quand nous sommes les maîtres, nous poussons la générosité jusqu'à payer à vous et à vos amis de beaux traitements, jusqu'à leur fournir des logements somptueux. Vous, si vous étiez au pouvoir, vous jetteriez dans la rue boueuse, si vous ne les enfermeriez pas dans des cachots, tous nos universitaires, tous nos professeurs. Et tandis que nous vous laissons, à vous et à vos amis, comme à tous, en un mot, la liberté pleine et entière, le droit imprescriptible d'instruire vos enfants comme bon vous semble; vous nous donnez une triste idée de ce que vous appelez pompeusement : « la liberté des pères de famille ».

Mais laissons l'abbé Combalot pour l'abbé Desgarets. Celui-ci, un vrai Jésuite, « un bon père. » Voici un spécimen de sa littérature. Quelles belles et généreuses pensées! quelle aménité à l'égard des grands maîtres de l'Université! quelle charmante façon de traiter Edgard Quinet, ce grand penseur, un des plus illustres écrivains du siècle!

« L'univers se compose de matière et d'esprit, d'eau et de pierres, de grenouilles et de philosophes, de panthères et de forçats, de M. Edgard Quinet et du ver de terre qui lui a servi d'élément..... Si donc notre Dieu, le Dieu de l'Université, tire tous ces êtres de son sein, il faut que, de toute éternité, ils soient dans son sein, dans le ventre de ce dieu Prothée, multiplié à l'infini, coassant, philosophant, piaulant, miaulant, pateaugeant, poétisant, prosaïsant, barbotant; il faut que, de toute éternité, cette espèce de Gargantua, que vous appelez votre Dieu, s'amuse à les extraire de son sein et à les y replacer, à les vomir et à les ravaler, etc. »

Après Quinet, voilà le tour de notre grand historien Michelet :

« Ainsi, cette statue que vient d'ébaucher un artiste, cette bouillie que vient d'apprêter la nourrice de M. Michelet, ce toupet dont votre coiffeur vient d'orner votre front — car on dit, M. Cousin, que vous craignez les perruques, et nous n'aimons pas les nuages, et nous voulons avant tout être compris et faire toucher du doigt l'absurde impiété de votre enseignement — ces trois créations, comme vous dites, c'est d'eux-mêmes que les créateurs les ont tirés? d'eux-mêmes, la chose est bien sûre? c'est de lui-même que le statuaire a tiré ce bloc de marbre? c'est d'eux-mêmes que la nourrice de votre collègue et votre coiffeur ont tiré, l'une sa bouillie, l'autre son faux toupet? »

Voilà de quelle façon charmante messieurs les Jésuites discutent avec leurs adversaires, avec des Quinet, des Michelet et tous nos illustres philosophes, les grands maîtres de la science.

CHAPITRE XVII

MORALE ET POLITIQUE DES JÉSUITES

Les Jésuites forment un corps tout à fait distinct dans l'Etat, vivant d'une vie spéciale et ne recevant de lois que d'un chef suprême — souvent étranger — qui est maître absolu des volontés et des individus.

« La fin justifie les moyens », telle est leur règle. Aussi, tous les procédés sont-ils bons pour eux quand il s'agit de l'intérêt de la Compagnie ; chez eux, les plus grands crimes sont des titres d'honneur ; leur gloire, c'est le triomphe de leurs idées, quelque monstrueuses et inavouables que soient les voies suivies pour arriver au but.

De Maistre a dit en parlant de leur doctrine et de leur histoire :

« C'est une conspiration contre la vérité ». Or, je dis qu'un parti qui se croit obligé de tromper les peuples, pour son intérêt, est un parti immoral, ou ce que M. Guizot appelait, avec son éloquence de doctrinaire emporté : « *C'est un parti de malfaiteurs* ».

Je ne veux parler ni de leurs crimes, ni de leurs brigandages, ni des bûchers de l'Inquisition. Ces monstruosités, tout le monde les connaît. Aussi suis-je étonné autant que navré d'être obligé de constater qu'aujourd'hui, à la fin du XIXe siècle, sous un régime libéral et républicain, ce « parti de malfaiteurs » existe encore. Oui, il existe, hélas! et il est plus puissant que d'aucuns le croient, car il a pour principaux auxiliaires tous ces fils de nobles et de bourgeois qui ont été élevés dans leurs colléges, tous ceux qui prennent le titre de conservateurs. Quant à leur état-major, il est recruté parmi ceux qui, sous le manteau de la religion, forment une caste politique hostile au gouvernement, uniquement occupée à saper l'ordre de choses établi pour faire réussir leur rêve de restauration monarchique.

Je vais essayer de donner quelques renseignements sur leur nouvelle organisation.

Ce qu'il y a de bien certain, ce que, d'ailleurs, tout le monde sait bien, c'est qu'après l'exécution des décrets, tout comme au lendemain des ordonnances de 1828, ils ont changé de nom; tous les Jésuites sont devenus tout d'un coup des catholiques. Aujourd'hui, ils se disent même tous républicains.

Ils ont su envelopper l'Eglise toute entière dans

leur nouvelle conspiration. Lisez les instructions sur « l'organisation de l'association catholique », et vous serez édifiés.

En voici quelques extraits, afin que nul n'en ignore.

Chapitre V, page 34, intitulé : *De l'organisation hiérarchique :*

« Ce n'est pas seulement par le but que l'association catholique diffère de l'œuvre du catholicisme en Europe, mais c'est aussi par son mode d'existence et par ses moyens d'action. « On n'arrêtera point dès maintenant l'organisation hiérarchique; la providence divine nous conseillera ! L'assemblée générale serait le principal instrument de l'association... Elle représenterait jusqu'à un certain point l'institution du Cardinalat; elle servirait d'intermédiaire entre « la direction centrale » et « les degrés inférieurs de la hiérarchie ».

Et au chapitre VI, page 37 :

« La plus grande discrétion est recommandée aux membres de l'association catholique, dont aucun ne pourra jamais, de son propre mouvement et autorité, communiquer ou faire connaître, soit directement, soit indirectement, à qui que ce soit, l'existence ou les moyens ou les règles de l'œuvre ».

Se cache-t-on avec tant de soin quand on veut faire le bien?... C'est bien là qu'on reconnaît la main des Jésuites !

Page 38 :

« Comme l'association a forcément besoin, pour atteindre son but et remplir son objet, de ressources pécuniaires, on pose en règle fondamentale l'existence d'une cotisation annuelle pour chaque membre, dont le Chapitre fixera le montant chaque année ».

Pages 41 et 42 :

« Le novice admis dans l'association prêtera serment de combattre jusqu'à la mort les ennemis de l'humanité (*lisez les Républicains*). Tous les jours, toutes les heures, doivent être consacrés au développement de la civilisation chrétienne!!! Il (le novice) a juré haine éternelle au génie du mal, et il a promis une soumission absolue et sans réserve à notre Saint Père le Pape et aux ordres des supérieurs hiérarchiques de l'association. Le Directeur, en l'admettant, s'est écrié : « *Nous avons un soldat de plus* ».

Et voilà une société tolérée par le Gouvernement; voilà une société qui ose médire de la Francmaçonnerie !

N'est-ce pas une conspiration contre la République?

Le but réel de cette croisade mystérieuse, la mission exacte de ce tribunal secret dont les affiliés sont en France, dont le siège est en France, on les connaît. Le programme en est assez explicite : combattre le génie du mal. Or, quel est donc le génie du mal?... Demandez-le à M. Buffet, à M. de Cassagnac, à M. de Mun, à M. Gouthe-Soulard, à tous les Jésuites en robe courte ou en soutanes, il n'est pas difficile à le deviner : c'est le principe libéral; c'est le libre examen; c'est l'esprit philosophique des grands penseurs du XIXe siècle; c'est, en politique, le Gouvernement du peuple par le peuple, ou par ses mandataires. En un mot, c'est la République.

Mais revenons à leur morale, à la morale de ces bons cléricaux qui sont aujourd'hui tous Jésuitisés :

Le vol est excusé quand il y a nécessité (voir pages 68, 69, 70). Et cela en vertu du principe communiste. De là, probablement, l'alliance des ultramontains avec les anarchistes, de Monsieur le comte de Mun et du citoyen Ravachol.

« Celui qui, par nécessité extrême, prend la chose d'autrui nécessaire à la conservation de sa vie, ou de celle de sa famille, ne commet pas de vol; car, dans une telle nécessité, toutes choses sont communes, du moins quant à l'usage. La nature donne à chacun le droit et même l'obligation de conserver sa vie ». (Comp. T., page 213).

Je voudrais bien voir ce qui arriverait à un pauvre diable qui, n'ayant pas de souliers pour se chausser, pas de draps ni de couvertures pour garantir du froid sa femme et ses enfants, irait en dérober soit à M. Buffet, soit à M. de Mun, soit à un Monseigneur quelconque, et pour sa défense lui montrerait le Comp. T., page 213.

Très certainement ces belles théories n'empêcheraient pas de faire poursuivre le malheureux comme un voleur.

Les instructions du père Liguory, du père Bonhours et de tous les bons pères des Jésuites courraient grand risque, à mon avis, de ne pas être écoutées, et le seraient-elles par les affiliés, que le procureur de la République ne trouverait point la raison valable; nous voulons bien croire qu'elle serait acceptée au confessionnal, mais dame Thémis s'accommoderait mal d'une semblable défense.

Sous le second Empire et sous le Seize Mai, et même encore aujourd'hui, cela pourrait peut-être être considéré comme circonstance atténuante par certains magistrats anciens élèves des bons pères, mais devant la majorité des tribunaux, ce système de défense n'aurait guère chance de réussir.

Tout s'est transformé dans les mains des Jésuites, morale et histoire.

Don Guéranger dit : « En histoire, tout ce qui est favorable au Saint Siége est vrai *à priori;* tout ce qui lui est défavorable est faux *à priori.* Voilà leur criterium. Les ultramontains n'en ont plus d'autre aujourd'hui; leur but — je ne cesse de le répéter, et cet ouvrage est fait pour le démontrer d'une façon péremptoire — leur but, dis-je, c'est d'accaparer l'enseignement. Espérons que l'on ne commettra pas la faute de remettre entre leurs mains l'instruction de la jeunesse; ce serait donner à une puissance étrangère la haute direction des intelligences de nos enfants; livrés à de tels maîtres, inspirés uniquement par la cour de Rome, et jour et nuit occupés à étouffer en eux les principes nationaux de notre immortelle Révolution, nos fils cesseraient bientôt d'être Français.

Avant de parler de la constitution politique des Jésuites, je ne puis m'empêcher de citer les réflexions suivantes d'un homme avec qui j'ai eu l'honneur d'être en relation, et qui est aujourd'hui un de nos hommes d'Etat les plus éminents.

M. Spuller a écrit ceci : « Le péril clérical est extrême (1), par cette raison encore très peu étudiée, que la constitution intime de l'Eglise catholique est aujourd'hui changée dans son essence. On parle beaucoup du *Syllabus*, de *l'infaillibilité pontificale*, et l'on a raison ; rien n'est plus alarmant pour les vrais hommes d'Etat que ces nouveautés périlleuses. Et que l'on ne dise pas que l'on peut éviter facilement ces dangers en les ignorant, en coupant subitement le câble qui unit encore et pour longtemps les églises et l'Etat ! Cet optimisme ne correspond à aucune réalité, et c'est ne point connaître l'Eglise *Jésuitisée* que s'abandonner à de telles rêveries. La vérité est que la nouvelle constitution de l'Eglise peut aboutir — et, dans la pensée des auteurs, elle doit aboutir — à un antagonisme permanent entre l'Etat et l'Eglise, entre l'Etat libre et l'Eglise autoritaire, entre l'Etat qui

(1) Nous venons d'en voir la preuve il y a quelques mois, par l'escapade de ces trois mauvais garnements qui, en insultant le gouvernement italien dans la capitale de l'Italie, et sans se soucier autrement des conséquences qu'elle pouvait entraîner, ont failli nous faire déclarer la guerre par la triple alliance.

devra tout souffrir au nom de ses principes et l'Eglise qui voudra tout se permettre au nom de ses dogmes.

» On oublie trop que, depuis 1870, l'Eglise catholique est tenue de croire et d'obéir sur la simple injonction d'un chef qui s'est déclaré infaillible, et qui réussit à faire croire à cette infaillibilité prétendue tous ceux qui sont rattachés à la religion. De là des troubles dans les consciences, troubles qui amènent des divisions dans les familles, dans les cités, dans le pays.

» Les troubles religieux engendrent à leur tour les guerres de religions, les pires de toutes, les plus longues et les plus douloureuses, les plus indignes du grand et noble pays qui a proclamé l'Edit de Nantes, la liberté des cultes, la tolérance et la supériorité de la science sur la foi; c'est là pourtant ce dont nous sommes menacés.

» Cet antagonisme permanent est l'œuvre des Jésuites; c'est la fin dernière de leur politique, car la Compagnie, en poursuivant la prééminence du Saint Siége, n'a jamais poursuivi que sa propre domination. La prééminence absolue et complète du Saint Siége a été proclamée; nous touchons à la réalisation des rêves ambitieux de Loyola et de ses successeurs : LE MONDE CATHOLIQUE EST LIVRÉ AUX JÉSUITES.

» Voilà le péril clérical; il est immense.

» Le fanatisme, comme toutes les passions humaines, s'exalte par les aliments qu'on lui donne; plus on lui cède, plus il exige. On ferait preuve d'une grande naïveté, si l'on croyait qu'il est possible d'assigner une limite aux exigences de la Curie romaine, et qu'en composant avec elle, on finira par la satisfaire.

» LA THÉOCRATIE EST INFINIE COMME DIEU.

» Il est, d'ailleurs, dans les traditions de la politique de Rome, de prendre toujours l'offensive et de porter la guerre chez les autres, pour qu'on ne la porte pas chez elle. Depuis la promulgation du *Syllabus* et de *l'infaillibilité,* cette nécessité est devenue plus impérieuse que jamais. Il ne faut pas laisser aux peuples le temps de se reconnaître et de discuter les nouveaux dogmes. De là le mot d'ordre parti du Vatican, pour entretenir et redoubler l'agitation cléricale! Et dans quel but?... La religion est-elle vraiment le souci des ultramontains? le dernier terme de leurs efforts?

» Le principe monarchique, l'autoritarisme, voilà le but; et les moyens, se servir du pouvoir spirituel.

» On ne saurait se faire aucune illusion sur ce point. Dès l'année 1853, les Jésuites ont publié leur programme de restauration européenne par la restauration des trois ordres : LE CLERGÉ, LA NOBLESSE et LE PEUPLE. Pour peu que l'on ait suivi leurs travaux, on a pu voir qu'ils n'ont cessé de tendre à la réalisation de ce plan qu'avaient accepté la Bavière et l'Autriche, qu'a souscrit le comte de Chambord en prétant le serment d'obéissance au pape et auquel M. de Franclieu, au nom du parti légitimiste, a donné sa complète adhésion dans la séance du 8 novembre 1875, lorsqu'il a dit : « Le roi seul peut réparer les maux dont nous souffrons, en rétablissant les Etats-Généraux ». Quelques jours auparavant (8 octobre), la *Semaine Religieuse d'Arras*, publiée sous les auspices de l'évêché, s'exprimait d'une manière plus explicite encore :

« Il faut réconcilier la France avec Dieu, c'est-à-dire remettre Dieu dans ses droits et la France dans ses devoirs ».

Voici quelques-unes des conditions *sine qua non* de cette réconciliation :

« Afin que l'Etat redevienne ce qu'il doit être et ce qu'il est par son institution même, le ministre de Dieu pour le bien, *minister Dei in bonum*, il faut :

» 1° Bannir à tout jamais de la Constitution ce qu'on appelle sottement les principes de 89, contrefaçon révolutionnaire des principes sociaux du christianisme; ces prétendus principes, destruction de toute *hiérarchie* sont le renversement radical de la société;

» 2° Y substituer carrément les principes catholiques conservateurs de la hiérarchie sociale et source unique de la liberté, de l'égalité et de la fraternité véritables;

» 3° Rétablir légalement les trois grands corps de l'Etat, solides bases de *l'ancienne monarchie française*, afin d'avoir la représentation vraie de toutes les forces vives de la nation, et *supprimer ainsi le suffrage universel*, qui n'a été et ne sera jamais qu'un mensonge au profit de l'intrigue;

» 4° Rayer l'athéïsme du Code, en cessant de mettre toutes les religions sur le même pied d'égalité;

» 5° Supprimer le mariage civil;

» 6° Faire cesser la profanation du dimanche;

» 7° Laisser à l'Eglise sa pleine liberté d'action et lui reconnaître tous les droits d'une personne civile et *indépendante*;

» 8° Décentraliser le gouvernement, en transportant hors Paris le siège du pouvoir;

» 9° Décentraliser l'administration, en rétablissant les anciennes provinces avec leurs franchises;

» 10° Décentraliser l'instruction, en rétablissant nos vingt universités d'autrefois;

» 11° Rétablir, dans toute sa plénitude, l'autorité paternelle, en lui rendant plein pouvoir de tester, et en déclarant que les pères de famille, par rang d'âge, formeront seuls et de droit le conseil municipal de chaque commune;

» 12° Proscrire les sociétés secrètes (francs-maçons);

» 13° Réprimer sans pitié la licence de la presse.

» *En un mot, défaire sur toute la ligne l'œuvre de la Révolution* ».

Tel est le programme des classes dirigeantes; la religion, on le voit, n'est que le prétexte.

En fait, ce programme est absolument et exclusivement politique. Jamais Robespierre, Hébert ou Chaumette n'ont rien rêvé d'aussi radical. C'est la destruction complète de la société moderne, et, quelle que soit la vieille haine des Allemands contre la France, on peut dire que celle de la Curie Romaine est plus vivace et plus profonde encore, puisque après avoir condamné notre génie religieux en la personne de

Bossuet, c'est notre génie historique, notre rôle comme peuple et comme nation qu'elle veut anéantir. Mais l'abbé Bédu, grand vicaire d'Arras, n'a pas dit tout, ou ne connaît pas bien son droit canonique Romain; car, à son programme il faut ajouter :

1° Que la cléricature confère la noblesse;

2° Que c'est un scandale qui *déchire le cœur* de voir les prêtres criminels traduits devant des juges laïques;

3° Qu'en vertu de la bulle *Unam Sanctam*, le Pape a le droit de réviser ou de casser, pour cause de péché, tous les jugements des tribunaux civils.

Voilà les principes qu'il s'agit de restaurer et d'opposer aux principes libéraux de 89; et parce que l'ancienne France ne les avait jamais reconnus, il a fallu, au sein du concile de 1870 — plus humiliant pour nous que Sedan même — la mettre au ban de l'Eglise.

Cette première partie de sa tâche étant accomplie, il ne reste plus qu'à en déduire les conséquences; le *Syllabus* y pourvoira; car, dit encore le 1er adjoint de l'évêque d'Arras : « Nous affirmons de la manière la plus expresse que non seulement les leçons philosophiques, théologiques, seront en tout conformes aux doctrines du Saint Siége, mais que notre sollicitude veillera à ce que, dans les diverses branches de l'enseignement, rien ne puisse heurter les principes proclamés par le *Syllabus*, ce phare lumineux dressé par la main infaillible de Pie IX, au milieu des ténèbres que l'erreur et l'impiété accumulent de toute part ! »......................................

Ainsi, les Jésuites, les ultramontains, ont falsifié l'histoire, corrompu la morale, faussé le droit public et privé, perverti la politique et même la religion, dont ils sont les pires ennemis, car ils en ont fait un instrument de parti.

Violemment arrachée à ses traditions, la France se voit menacée de toutes parts.

Heureusement le parti libéral veille avec une louable attention ; rien ne lui échappe de la conspiration cléricale, pas plus le semblant d'adhésion à la République de certains grands dignitaires que les lettres insolentes et les articles injurieux de la presse de sacristie.

....

Après avoir dénoncé le sans-façon avec lequel les Jésuites travestissent l'histoire et faussent la morale, nous allons montrer quel parti ils savent tirer de la métaphysique et comment ils se servent des miracles et exploitent tous les faits surnaturels en apparence de nature à frapper l'imagination pour arriver à pervertir les esprits, obscurcir les intelligences et dominer les masses.

CHAPITRE XVIII

DES MIRACLES

Noël Parfait a dit en parlant des miracles :

« Il semble qu'à mesure qu'une religion s'éloigne de son point d'origine, elle devrait, se dégageant des pratiques absorbantes ou bizarres qui ont pu entourer ses premiers pas, prendre vers les sphères de la morale éternelle, un vol de plus en plus élevé. Le catholicisme paraît pourtant s'ingénier à donner le spectacle contraire. Austère et simple à ses débuts, on le voit avec surprise accroître d'âge en âge son bagage de superstitions, au point qu'il est à présent douteux qu'on y puisse ajouter rien de plus. »

« Le surnaturel nous déborde » — lisais-je dernièrement dans un ouvrage catholique. — Si l'auteur entend dire par là que rarement la place a été faite plus large à la fantasmagorie, il est dans le vrai. Jamais les dévotions étranges et le culte des fétiches ne se sont autant multipliés. Au lieu de se mêler, en y puisant de nouvelles forces, au large courant des idées modernes, c'est à coup d'amulettes que le néo-catholicisme prétend les combattre.

Ces scapulaires, ces chapelets, ces cordons, ces médailles que l'Eglise fait surgir plus nombreux tous les jours, sont présentés par elle comme autant d'armes puissantes destinées à protéger la société contre le grand ennemi, contre l'esprit malin, sans cesse occupé à souffler autour de nous la tempête, à nous livrer aussi bien aux maux du corps qu'à ceux de l'âme. Mais de tous ces maux, le plus détestable, c'est encore, à son avis, l'esprit de discussion et de libre examen.

Dans un curieux petit opuscule, dans lequel le Jésuitisme pousse le cri de guerre contre la société moderne, opuscule si généreusement répandu qu'il a pu, en peu d'années, atteindre sa soixante et unième édition, le Père De Boylesve, présente avec raison, l'œuvre du Sacré-Cœur « comme une croisade »; c'est en effet la croisade noire. « Tout chrétien — s'écrie-t-il — naît soldat. Ici donc les femmes, même les enfants sont appelés aux combats ». Et poussant à la lutte ses alliés, d'autant plus sûrs qu'ils sont moins réfléchis, le Père Boylesve les arme chevaliers de toutes pièces « chevaliers du Sacré-Cœur ».

Sachant que derrière ces pratiques du fanatisme — pratiques qui nous reportent à la barbarie des premiers âges — se dresse la grande et sereine Religion du Christ, cette religion digne de tous nos respects, nous pensons fermement que la défendre contre les empiètements tous les jours plus hardis du Jésuitisme, c'est la protéger mieux que ne font ceux qui, en la dénaturant, croient la servir.

Les journaux de sacristie crient tous les jours contre la presse libérale parce qu'elle publie les hauts faits de certains cléricaux. MM. de Mun et de Cassagnac trouvent cela très mal. Cependant « l'article bête » républicain, — comme ils l'appellent avec dédain — a sa raison d'être. Ne faut-il pas répondre à « l'article Bête » réclame du Jésuitisme?

Je vais me permettre de donner quelques échantillons de « l'article Bête » des Jésuites, en commençant par la spécialité la plus à la mode :

Annales de Notre-Dame de Lourdes.

« Une personne sourde, muette de naissance, a recouvré l'ouïe et la parole par l'eau de Lourdes, eau si miraculeuse, en suivant les exercices de Marie. »

« A Liège, en Belgique, une mère de famille était à l'agonie ; on lui administre quelques gouttes d'eau de Lourdes, elle reste évanouie quatre ou cinq minutes, puis tout à coup, ô miracle! elle demande ses habits, se lève, parcourt ses appartements, à la stupéfaction de ceux qui l'assistaient pour l'aider à mourir. »

Franchement, il y avait bien là motif à être stupéfié. Mais continuons nos citations instructives et intéressantes :

« Ces jours derniers, une petite fille était à toute extrémité; la maladie paraissait devoir se terminer fatalement, lorsque la mère donne à son enfant, comme dernière ressource, de l'eau de Lourdes. L'enfant revint à la santé.

» Cependant, dans la maison, on disait qu'elle avait été guérie grâce aux remèdes administrés par le docteur. Aussitôt l'enfant retomba malade et si grièvement que la mère, pour la seconde fois, eut recours à l'eau de Lourdes, qui rendit instantanément la vie à sa fille !!! »

Je faisais lire, il y a quelques mois, l'histoire de ce miracle, à un dévot de ma connaissance, qui, par surcroît, est docteur en médecine, s'il vous plaît. « Eh bien ! lui dis-je, que pensez-vous de ce remède ? »

« J'y crois, me répondit-il carrément et sans hésiter ».

Voilà jusqu'où va le Jésuitisme. Je suis bien certain que cet homme instruit et intelligent n'avait pas plus foi que moi à cette fable absurde; mais comme il appartenait à la Confrérie, il avait cru devoir mentir — pour la bonne cause — Donc, c'était permis.

Mais continuons :

Dans le volume du Père Huguet, sous le titre *Vertu miraculeuse de la médaille de la Très-Sainte-Vierge*, on lit à la page 35 : « Un maçon est porteur d'une médaille. Or, un jour qu'il était dans les fondations d'une maison, le treuil qui soulevait les grosses pierres d'assise pour les déposer au fond des tranchées ouvertes, se brise et la masse énorme se précipite sans frein sur celui qui l'attendait. Il étend les bras au-dessus de lui, et reçoit *délicatement* l'énorme bloc, devenu tout à coup léger comme une plume ».

Délicatement, le mot y est.

« Ailleurs, un enfant tombe à l'eau dans un canal profond, et on le retrouve un quart-d'heure après flottant paisiblement à la surface. Gloire à Marie ! l'enfant portait sur sa poitrine la médaille miraculeuse. Les habits de l'enfant, entièrement secs, rendaient le prodige plus éclatant encore. L'étonnement des nombreux témoins est à son comble. La figure, les cheveux, les bras, les mains de l'enfant ne sont nullement mouillés. Il est malheureusement trop jeune pour raconter les curieux incidents de ce voyage sur l'eau. Il ne sait pas comment il est tombé. Il dit seulement qu'il n'a pas eu peur, et qu'il s'est bien amusé pendant ce temps. »

Voyez-vous les nombreux témoins qui assistaient là en spectateurs et qui n'osent pas aller au secours de l'enfant ? En effet, il n'en n'avait pas besoin, du moment qu'il se promenait et s'amusait sur l'eau.

Passons à un autre spécimen *ejusdem farinæ* et ouvrons les *Soirées des serviteurs de Saint Joseph* à la page 129 :

« Une personne qui emploie tous ses petits revenus en bonnes œuvres, s'aperçut dernièrement que sa montre, qui n'avait pas varié depuis neuf ans, s'était arrêtée. Impossible même de la monter, la clef tournait toujours sans que le ressort eût un point d'arrêt.

» L'horloger demanda sept francs pour la mettre en état. C'est beaucoup, quand on économise même jusqu'à cinq centimes pour les pauvres. Que faire? « La foi et la confiance peuvent transporter des montagnes — a dit Jésus-Christ, la vérité même, — elles peuvent donc faire de moindres choses.

» Or, cette personne porta sa montre aux pieds de la statue de saint Joseph, priant ce bon père de la raccomoder, et pour cela lui donnait trois jours, *vu les grandes demandes qui lui arrivent de tous les points de la terre.*

» Le troisième jour, après avoir prié, elle va reprendre sa montre, avec une grande confiance : ô surprise ! le ressort, qui était si lâche, est actuellement serré, et la clef, qui ne rencontrait pas de point d'arrêt, en trouve un au troisième tour. Depuis lors (un mois), la montre va très bien.. Mais, pour donner à ce fervent un motif d'attention et de renoncement, il faut remonter la montre deux fois par jour. »

On voit que, si saint Joseph raccommode les montres, ce n'est pas d'une façon complète.

Ce miracle d'un genre nouveau manque un peu de

prestige; pour lui en donner un plus grand, il eut fallu que la montre prît le même chemin que la toile de Nicodème.

Nous cueillons cette nouvelle perle à la page 530 de *la Dévotion de Marie en exemple :*

« Nul ne mérite le titre de dévot pèlerin de Notre-Dame, s'il n'a passé sous la châsse d'où découlent mille grâces de guérison, s'il ne porte sur lui une image bénite de la sainte Relique, préservatif assuré, bouclier impénétrable derrière lequel les chevaliers ne craignent ni fer, ni acier, à tel point — est-il observé dans certains discours sur les duels — que celui qui est muni d'un tel avantage en doit avertir son adversaire, parce que la partie n'est pas égale. »

Avis à monsieur le Ministre de la guerre, voilà un nouveau genre de cuirasse qui surtout aura l'avantage de ne pas coûter cher.

Voici maintenant la drôle d'histoire que narre le Père de la Salle, à la page 104 de son livre :

« La vie de la demoiselle Petit n'était, depuis bien des mois, qu'un long tissu de souffrances et d'infirmités. (Je passe les détails peu ragoûtants de ses abcès, tumeurs, glandes, vomissements, etc.) Le tout finit par un cancer au sein que les médecins se déclarent impuissants à guérir. Sur cette déclaration, la malade fait son testament et se prépare à mourir.

» Mais elle comptait sans le petit volume de la collection Mame, de Tours, que son neveu avait obtenu en prix et qu'il lui apporte heureusement au moment opportun.

» La malade prend le livre de son neveu, elle contemple en face du titre l'image du Père de la Salle, se regaillardit *(sic)* à la lecture d'un des miracles opérés par son intercession; puis, pleine d'une admirable confiance, *elle place le livre sur son mal* et commence immédiatement une neuvaine en disant : Vénérable Jean-Baptiste de la Salle, etc.

» Deux heures après, elle découvre le siège de son mal, et la stupéfaction des assistants est à son comble lorsqu'ils ne trouvent plus trace du moindre bobo. O merveille ! dans l'espace de deux heures l'irritation et l'enflure avaient totalement disparus, les trous étaient fermés, et tellement cicatrisés, qu'on pouvait à peine reconnaître la place ! »

Voilà donc le petit volume de Mame, grand fournisseur des Jésuites, passé guérisseur des plus affreuses maladies. Pendez-vous, Pasteur, Grancher, Kock, tous les princes de la science. Et vous, mes frères, qui souffrez, vous que la mort guette, faites vite venir de chez l'éditeur Mame, de Tours, un de ces petits volumes de propagande que l'on donne en prix dans les maisons religieuses; récitez les prières sacramentelles en question et envoyez au diable médecins et pharmaciens, ordonnances et médicaments. Les secours de la science sont bons pour les mécréants; les bons chrétiens, eux, savent s'en passer.

Voilà pourtant les lectures scientifiques dont on nourrit la jeunesse dans les maisons religieuses en plein XIXe siècle, et ces gens-là ont le front de protester contre l'enseignement laïque, de crier au scandale quand les examinateurs refusent leurs élèves, candidats aux certificats d'études.

Mais continuons notre édifiant examen des bons livres, nous reviendrons plus tard sur ce sujet :

« Une petite image de Notre-Dame-de-Liesse, ornée du *Memorare*, opère, chaque jour, des prodiges de conversion sur les âmes les plus endurcies, et des miracles de guérison sur les malades les plus désespérés.

« Jamais on ne la récite sans fruit. » Je n'en veux pour preuve que la guérison d'un jeune Maronite, dont la jambe fracturée semblait appeler une amputation inévitable.

« Le jeune homme entre dans la chambre d'un Emir Druse converti. L'un des premiers objets qui le frappent est un papier sur lequel est écrit le *Memorare* ». Qu'est-ce que cela ? demanda-t-il à l'Emir. « C'est — répondit l'Emir — une prière que j'ai rapportée de Rome, et sachez — ajouta-t-il dans le langage imagé des orientaux — qu'elle a converti autant de personnes et guéri autant de malades que vous avez de cheveux sur la tête ».

» S'il en est ainsi, il faut que vous me la donniez.

« L'Emir, pour le contenter, lui donna une copie

de la prière traduite en arabe. L'enfant l'emporte plein d'espérance, et raconte à ses parents tout ce qu'il a entendu dire. »

» Sans doute, s'écrie le père, ce sera le remède demandé à Sayeda-el-Abroj (Notre-Dame-de Tours).

Alors, avec un de ces sentiments de confiance vive qui sont comme le prélude des miracles, il ôte tous les bandages qui serraient le bras de son fils et y applique la prière, qu'il entoure d'une simple bandelette.

Chose admirable ! les os dérangés se remettent d'eux-mêmes à leur place, comme si une main invisible les eût conduits, et maintenant le bras est aussi sain que si jamais il n'avait été fracturé. Seulement, comme pour attester le prodige, il reste une saillie, mais qui n'occasionne ni douleur ni gêne dans les mouvements.

Dévotion à Marie en exemple (t. 11, p. 152) :

« Tous les camarades d'Ignace (de Loyola, bien entendu), tombèrent à ses côtés; lui-même fut couvert de leur sang sans être jamais atteint. Dans la retraite, il reçut plusieurs coups de feu qui ne lui firent aucun mal. Une balle, qui le frappa au bras et qui traversa ses habits, ne lui occasionna ni enflure ni meurtrissure. Un biscaïen l'ayant atteint avec force au talon, Ignace continua de marcher sans la moindre peine. Une autre fois, tandis qu'il faisait face à l'ennemi, il fut frappé à la poitrine par un éclat d'obus, sans ressentir la moindre douleur. »

O miraculeux anachronisme !

Voyez-vous les obus inventés avant 1520. Après celle-là il faut l'échelle.

Et c'est avec de semblables lectures qu'on prétend élever et instruire nos enfants ! Ceux qui sont capables de croire à de pareilles balivernes sont bien prêts d'entrer dans une maison d'aliénés. Non-seulement on corrompt la raison scientifique, mais encore on commet — il est vrai *pour la bonne cause* — des mensonges historiques.

En quel métal pouvaient bien être ces obus inventés pendant la jeunesse d'Ignace de Loyola ? Réellement la rougeur de la honte vous monte au front en lisant de pareilles âneries.

Vous pensiez que j'en avais fini avec ces contes de la mère l'oie, bêtes à faire pouffer de rire un enfant de dix ans ? Eh bien ! non, j'ai gardé une dernière billevesée pour la bonne bouche, mais celle-là mériterait d'être encadrée et placée dans toutes les écoles de France.

C'est encore dans *Dévotion à Marie en exemple*, (t. 11, p. 300) que j'ai découvert cette nouvelle :

« Un enfant était venu au monde privé de la vie. Depuis quatre jours il était dans le tombeau. Sa mère, Marguerite Amorose, du diocèse de Limoges (qui connaît Marguerite Amorose, du diocèse de Limoges)? ne pouvait se consoler de cette perte, et ce qui augmentait sa tristesse, c'est que l'enfant n'avait pas été régénéré dans les eaux saintes du baptême.

» Pleine de confiance, elle invoque Marie et lui promet d'aller en pèlerinage à Rocamadour, si elle obtient de Dieu la résurrection de son fils. A force d'instances et de larmes, elle détermine son mari à aller ouvrir le tombeau ; le père prend pelle et pioche, et découvre le cercueil..... O prodige! Sublime prodige! En ouvrant le tombeau, le père y trouve son enfant plein de vie *qui lui saute au cou.* » Un mort-né ressuscité sautant au coup de son père, n'est-ce pas le comble des combles, le miracle des miracles, le prodige des prodiges!

Je m'arrête dans la citation de ces contes ridicules, dans lesquels la raison humaine perd ses droits.

Ce qu'il y a de plus triste, c'est que bon nombre des élèves des Congréganistes ont tellement confiance dans les leçons des «bons Pères» qu'ils croient tout cela.

Le docteur en médecine dont j'ai déjà parlé, y croyait bien, lui qui avait fait d'excellentes études à l'Ecole de Paris. « Oui, me déclarait-il avec l'apparence tout au moins d'un homme convaincu, oui, j'y crois, aux miracles. Tout est probable en fait de miracles. La médecine n'a rien à y voir. Les Miracles sont du ressort de la Foi et de la probabilité. » Il aurait mieux fait de dire du probabilisme, clef de ces mystères et chef-d'œuvre d'Escobard.

De Guy, de Bonhours, et tous les bons Pères sont d'accord sur le probabilisme, qui a conduit bien souvent au crime pour *la bonne cause.*

CHAPITRE XIX

DE L'INSTRUCTION ET DE L'ÉDUCATION CLÉRICALES

Il est de l'essence de toute science moderne de reposer sur l'examen; il est de l'essence du dogme et de la métaphysique de reposer sur la négation de l'examen; le dogme catholique et la science moderne sont donc essentiellement incompatibles, ce qui n'empêche pas l'Eglise de persister dans ses errements d'une autre époque. C'était bon, au moyen-âge, mais, aujourd'hui, il serait plus utile à ses intérêts et à sa grandeur, de se rallier avec franchise et de suivre le mouvement d'émancipation intellectuelle de notre siècle que d'essayer maladroitement à l'enrayer. A quoi lui servent toutes ces publications catholiques dont elle inonde la société moderne et qu'elle a rejetées avec crainte et dégoût, car elle sait combien leur lecture fausse l'esprit de la jeunesse? Elles ne sont que trop lues encore, hélas! car il en résulte pour les âmes qui se nourrissent de cette littérature frelatée et malsaine, — surtout dans les classes hautes et moyennes, si fortement imprégnées de jésuitisme, — un état psychologique des plus graves, que trahit, d'ailleurs, les succès prodigieux de certains journaux immondes et frivoles.

Cela est si vrai, que l'abbé Bautain, ému lui-même de cet état mental, a écrit dans son ouvrage *Philosophie du Christianisme*, t. II, page 149 : « Le jeune Clergé, à cause de son éducation première et de la manière dont on l'instruit, est si peu au fait de ce qui se passe dans le monde depuis quarante ans, qu'il ne soupçonne même pas où en est la philosophie de son temps. »

Il n'y a pas deux évêques sur cent, et certainement pas deux chrétiens sur mille, qui puissent aujourd'hui se faire une idée claire — au sens du Concile de Trente — de ce qu'on appelle « le Salut », « la Rédemption » ou « la Présence réelle ». Et voilà dans quel monde d'images nébuleux et incompréhensible nous nous agitons ! Voilà jusqu'à quel point nous nous passionnons pour des figures de rhétorique !

Combien peu nous avons le droit de nous moquer des Chinois qui peignent des monstres sur leurs étendards, alors que la phraséologie cléricale, de plus en plus nauséabonde et malsaine, court si grand risque d'aller bientôt rejoindre dans les troisièmes dessous du ridicule les « Tisons d'Enfer » du siècle dernier.

Ces classes, que l'on voudrait faire dirigeantes parce qu'elles sont secrètement dirigées par les Jésuites, ne sont pas en état de remplir cette mission. Hallucinées, malades, décrépites, elles sont condamnées à l'impuissance. Quelle confiance la masse peut-elle avoir en des hommes qui se prétendent conservateurs et attaquent tous les principes sociaux, pour livrer l'enseignement de la jeunesse française aux Jésuites et aux ultramontains, sous le fallacieux prétexte de créer une concurrence à l'Etat? A des hommes qui se disent chargés de restaurer la Foi de nos Pères, alors qu'ils ont tout fait pour que saint Louis, Gerson, Pascal et Bossuet — toute l'Eglise gallicane — soient considérés maintenant comme des hérétiques; à des hommes qui osent se dire royalistes, enfin, quand ils ont signé le *Syllabus*, alors que la royauté, tombée aujourd'hui en quenouille, n'avait de raison d'être parmi nous qu'à la condition qu'elle défendrait notre indépendance contre les empiétements du Saint-Siége, ce qu'elle avait fait d'ailleurs pendant si longtemps. Son histoire ne présente en effet qu'une longue et glorieuse résistance contre les doctrines de Grégoire VII et de la Curie romaine.

A ces signes déjà trop évidents d'un grand affaiblissement cérébral produit par une vicieuse éducation, il faut joindre le symptôme, plus caractéristique encore, qui se tire de l'esprit de ruse ou de déloyauté dont ces classes, après avoir réclamé pendant quinze ans le gouvernement du pays par le pays, nous ont donné et nous donnent encore tant de scandaleux exemples, en se parjurant sans pudeur, et en acceptant, comme le marquis d'Ausay, et les Prélats d'aujourd'hui, de servir la République pour mieux la trahir.

Sans insister sur la triste notoriété que s'est acquise en son genre la feuille clérico-libérale que M. de Montalembert, qui la connaissait bien, appelait déjà « la plus vile de toutes », ni sur les réponses désormais légendaires de ce ministre de l'Ordre moral, refusant l'estampille à un livre réputé trop honnête, non plus que sur l'arrêté ministériel opposant le même refus à un écrit de M. Gladstone, il faut bien dire qu'en ce moment la France, ayant perdu pour ainsi dire la piste intellectuelle de la société européenne, a le plus pressant besoin de savoir au juste ce qui se passe au dehors. Or, les classes soi-disant dirigeantes n'ont vu, dans l'exercice du pouvoir dont elles se sont emparées, qu'un moyen de tromper audacieusement l'opinion publique et de perpétuer la domination si funeste des Jésuites.

Quelques exemples démontreront le bien fondé de cette assertion. Le Pasteur Schœuffer, de Colmar, s'est vu, contre tout droit, par le seul fait de l'arbitraire administratif dans la main des Jésuites, privé de la faculté d'imprimer en France un livre absolument étranger à la politique, intitulé « *Non sint* » ou « Sus à l'ennemi ». L'abbé Michaud a dû se rendre à Bruxelles pour y publier son ouvrage si instructif et si modéré sur *l'Etat présent de l'Eglise catholique romaine*. La *Revue de Lausanne* s'est vue menacée d'un procès. La frontière n'a cessé d'être fermée à la *Démocratie Catholique*, feuille exclusivement religieuse du Jura, qui eut apporté une réponse péremptoire aux insignes mensonges répandus partout par l'*Univers* et par le *Monde*, mensonges que tous les journaux de Paris eux-mêmes n'ont pu, — de crainte d'interdiction de vente sur la voie publique — ni dénoncer, ni combattre. Bien plus, les trente prêtres français libéraux du Jura ont eu, pendant deux ans, leurs lettres surveillées, leurs dépêches interceptées, et par un redoublement de rigueur à l'avènement de M. Buffet, l'*Agence Havas* écrivit à ses agents de la frontière rhénane qu'elle ne pouvait plus accueillir leurs communications s'ils s'occupaient encore de la question religieuse dans un sens qui ne fut pas favorable à la Curie Romaine. (Lisez les Jésuites, dont M. Buffet était l'instrument.)

Auteur ou complice de ces mesures arbitraires, notre ambassadeur en Suisse, M. de Chaudordy, ancien serviteur de l'Empire, un de ceux qui ont le plus contribué à la guerre de 1870, n'ayant pu tenir l'engagement qu'il avait pris verbalement de faire cesser l'agitation cléricale, provoquée par le cardinal Mathieu, dût souffrir que le Président de la Confédération helvétique déclarât qu'il ne correspondrait plus avec lui que par écrit. M. de Laboulaye fils, devenu porteur d'eau de Lourdes, se rendait la fable de Berne, et l'on publia de M. d'Harcourt une lettre, dans laquelle ce ministre plénipotentiaire de la France écrivait directement à un curé de campagne du Jura bernois pour l'encourager dans sa révolte contre son Gouvernement. En résumé, à l'intérieur comme à l'extérieur, toute la force et la vigilance de l'administration furent uniquement mises au service des passions ultramontaines, et l'on put dire un moment que nos hommes d'Etat n'étaient que des pantins dont les Jésuites tenaient les ficelles. Aussi le peuple, avec son gros bon sens, ne se trompa pas dans sa victorieuse campagne contre les hommes du Seize-Mai. Jamais, dans les luttes politiques auxquelles il avait joué un rôle depuis vingt ans, il ne s'était montré si décidé, si convaincu. Ah ! c'est qu'il avait bien vu que l'ultramontanisme voulait s'emparer du pouvoir, aussi ce ne fût, d'un bout de la France à l'autre bout, qu'un cri parmi le peuple « tout ce que l'on voudra, mais *pas le Gouvernement des Curés.* »

M. de Mac-Mahon, bien qu'il ne fut pas un homme politique, avait lui aussi si bien compris la situation, qu'inspiré par son honnêteté et par son patriotisme, il dit à ses partisans : N'essayez pas de faire un coup d'Etat clérical, *les chassepots partiraient tout seuls* ».

Ce n'était pas ce qui pouvait effrayer les Jésuites;

que leur importait une autre guerre civile ? Ils eussent mis volontiers la France à feu et à sang, pourvu que leur parti pût en tirer quelques profits.

La philanthropie, l'amour de la liberté, le respect de l'égalité, le sentiment de la fraternité, tous ces principes si sublimes qu'avait faits siens la Révolution de 1789, et qui s'adaptent si bien au génie de notre race, n'existent plus dans le catholicisme actuel, transformé par le Jésuitisme. Ce furent cependant, grâce à la puissance qu'elle puisa dans ses principes, que la première Eglise triompha si rapidement et si complètement. Ces principes sont restés le patrimoine de la démocratie, le patrimoine des successeurs des hommes de 89. L'Eglise primitive avait émancipé quelques milliers d'esclaves ; la France, dix-huit siècles après, reprenant son rôle, émancipe le monde. C'est là le sublime rôle du parti libéral ; quant à l'Eglise actuelle, si elle a hâte de se suicider, elle n'a qu'à continuer sa lutte contre l'esprit républicain dont est si fortement imprégnée la société française.

L'Eglise est dans une fort mauvaise voie ; elle paraît ne pas se douter que nous savons tous que ce sont des Prêtres qui ont crucifié Jésus, le premier républicain du monde ; que ce sont encore ces Prêtres qui ont brûlé, sur les bûchers de l'Inquisition, Jeanne d'Arc, qu'elle veut accaparer aujourd'hui, Jean Huss, Etienne Dolé et tant d'autres qui étaient des républicains ; que ce sont ces mêmes Prêtres qui ont condamné Gallilée à perdre la vue, après avoir mis en interdit, au Vatican, ses principaux manuscrits.

L'Eglise espère-t-elle escamoter son passé historique ? A-t-elle la prétention de nous cacher les fautes qu'elle a commises ? Croit-elle s'emparer définitivement de l'éducation de la jeunesse française ? Si telle est sa pensée, elle se berce d'une singulière illusion. Les moyens dont elle se sert pour arriver à son but ne sont plus de mode aujourd'hui, la tactique est tellement vieillotte qu'elle ne peut effrayer les gens sérieux, et qu'elle fait rire même les enfants.

Un homme d'esprit disait ces jours derniers à ce sujet : « Pour des motifs qu'il serait trop long d'énumérer, l'enseignement normal ne suffit plus aujourd'hui pour faire naître dans les cœurs l'amour divin et y développer la foi ; aussi l'Eglise n'a-t-elle pas craint, pour exciter l'esprit religieux, d'avoir recours à l'ébranlement des sens. Le culte s'en est profondément ressenti. Chaque jour, il devient plus contradictoire avec la doctrine, et fait pénétrer dans l'âme du fidèle, une cause de trouble et d'illogicité qui le rend incapable de toute notion d'ordre et de véritable énergie. C'est ainsi que l'Eglise, en employant à son tour pour sa défense les armes avec lesquelles le siècle l'attaquait, sans songer que ces armes ne pouvaient lui servir, s'est elle-même suicidée.

Le mal intérieur dont souffre l'Eglise et qui la rend désormais incapable d'être une institution d'ordre moral, c'est le *Jésuitisme*. Une des grandes gloires de l'ancienne Eglise de France est d'avoir toujours su lui résister; mais à la suite de la grande secousse de 1789, elle se releva si faible et si meurtrie des atteintes qui lui furent portées par la Révolution, qu'elle crut devoir accepter cet auxiliaire dangereux qui avait déjà perdu l'Espagne et l'Italie. Tel un malade qui se résigne à user des drogues les plus vénéneuses pour prolonger son existence.

Quelques hommes clairvoyants ont bien, il est vrai, vu le danger grandir, et sondé toute la profondeur du gouffre où elle est en train de s'engloutir. Ce sont eux qui viennent publiquement de jeter un retentissant cri d'alarme (1). Mais le parti Jésuitique, se sentant menacé, pousse ses esclaves dans la mêlée. Aussi nous allons assister — en spectateurs, bien entendu — à une lutte semblable à celle qu'ont soutenu, au milieu du XVIIe siècle, les Jansénistes contre les Molinistes. Les Jansénistes d'aujourd'hui sont les Catholiques qui marchent sous la conduite du Cardinal Lavigerie et du Pape Léon XIII; les Molinistes, ce sont les ultramontains qui forment l'armée du général des Jésuites, dont les principaux aides-de-camp

---

(1) Voir la lettre du Cardinal Lavigerie, celles de deux de ces collègues et du Cardinal Rampolla.

sont, en France, MM. de Mun, Buffet, Chesnelong, de Cassagnac, et *tutti quanti*.

Si ces cléricaux — Monarchistes avant tout — ces chefs de l'ultramontanisme, croient être utiles à l'Eglise et à la Religion en entreprenant une campagne pareille, ils se trompent étrangement. La vérité, c'est qu'ils aggravent le mal au lieu de le guérir. La situation critique dans laquelle se trouve l'Eglise de France à l'égard de la République, est plutôt le résultat d'un ensemble de faits antérieurs qui constituent le développement de la Révolution française, qu'elle n'est l'œuvre des hommes. Les hommes y ont aidé pourtant, et si les cléricaux voulaient bien le reconnaître, cet état s'améliorerait promptement, car il n'est rien de tel que de savoir où est le mal pour le guérir.

M. Thiers a dit souvent, qu'un gouvernement sage ne devrait jamais toucher aux affaires religieuses. Aussi ses conseils ont-ils été parfaitement suivis. Malgré les cris de paon de la gent cléricale, le parti républicain est resté calme en face des déclamations et des menaces des énergumènes qui dirigent la contre-Révolution.

Les républicains ont compris, avec raison, qu'il est d'autres armes que la violence pour triompher, car avec la violence on risque de se heurter contre des résistances invincibles que toute persécution religieuse soulève inévitablement.

Ce n'est donc pas parce qu'une telle tentative échouerait que la République doit s'en détourner, mais parce que cette tentative serait injuste.

Aucun Gouvernement — et la République moins que tout autre — n'a le droit de travailler sourdement ou au grand jour à la destruction d'une religion. Toute religion abrite des consciences; or, la République professe que la conscience humaine est supérieure aux pouvoirs établis !

Est-ce que sa qualité primordiale n'est pas précisément ce sentiment ami de la justice qui la porte naturellement à protéger mieux que tout autre régime les droits et les intérêts individuels ? La bonne politique, non moins que l'équité exige qu'on assure à tous les cultes une égale et et complète protection. Agir autrement serait faire litière des idées et des principes de 1789, de la Déclaration des Droits de l'Homme, qui est la seule charte de la démocratie.

Laissons le parti clérical s'enlisser et détruire l'œuvre des premiers chrétiens, et nous, reprenons cette grande œuvre, certains de la mener à bien, sous l'égide des idées de la Révolution.

La France, cette grande émancipatrice, aura la gloire et l'honneur d'avoir tenu toujours haut et ferme le drapeau de la liberté. Plus tard, les peuples du monde entier lui seront reconnaissants des immenses services qu'elle aura rendus à l'humanité.

CHAPITRE XX

DE LA LOI RELATIVE A L'ORGANISATION DES CULTES 18 GERMINAL AN X

Il est nécessaire, pour bien faire comprendre la pensée qui m'a guidé lorsque j'ai entrepris ce petit ouvrage, de mettre sous les yeux de mes lecteurs certains textes très importants, souvent discutés par des gens qui n'en connaissent pas un traître mot. Je veux parler du Concordat.

Voici la teneur de ce document tel qu'il figure au *Bulletin des Lois :*

« La convention, passée à Paris, le 26 messidor an IX, entre le Pape et le Gouvernement français, et dont les ratifications ont été échangées à Paris le 23 fructidor an IX, ensemble les articles organiques de la dite convention, les articles organiques des cultes protestants dont la teneur suit, seront promulgués et exécutés comme lois de la République.

» CONVENTION

» *Entre le Gouvernement français et S. S. Pie VII.*

» Le Gouvernement de la République française, reconnaît que la religion catholique, apostolique et romaine, est la religion de la grande majorité des citoyens français.

» Sa Sainteté reconnaît également que cette même religion a retiré et attend encore, en ce moment, le plus grand bien et le plus grand éclat de l'établissement du culte catholique en France, et de la profession particulière qu'en font les Consuls de la République.

» En conséquence, d'après cette reconnaissance mutuelle, tant pour le bien de la religion que pour le maintien de la tranquillité intérieure, ils sont convenus de ce qui suit :

» Article premier. — La Religion catholique, apostolique et romaine sera librement exercée en France; son culte sera public, en se conformant aux règlements de police que le Gouvernement jugera nécessaires pour la tranquillité publique.

» Article 2. — Il sera fait par le Saint-Siège, de concert avec le Gouvernement français, une nouvelle circonscription des diocèses français.

» Article 3. — Sa Sainteté déclarera aux titulaires des évêchés français qu'elle attend d'eux, avec une ferme confiance, pour le bien de la paix et de l'unité, toute espèce de sacrifices, même celui de leurs sièges. D'après cette exhortation, s'ils se refusaient à ce sacrifice commandé pour le bien de l'Eglise (refus néanmoins auquel Sa Sainteté ne s'attend pas), il sera pourvu, par de nouveaux titulaires, au gouvernement des évêchés de la circonscription nouvelle, de la manière suivante :

» Article 4. — Le premier Consul de la République nommera, dans les trois mois qui suivront la publication de la Bulle de Sa Sainteté, aux archevêchés et évêchés de la circonscription nouvelle.

» Sa Sainteté conférera l'institution canonique suivant les formes établies par rapport à la France, avant le changement de gouvernement.

» Article 5. — Les nominations aux évêchés qui vaqueront dans la suite, seront également faites par le premier Consul, et l'institution canonique sera donnée par le Saint-Siége en conformité de l'article précédent.

» Article 6. — Les évêques, avant d'entrer en fonctions, prêteront directement, entre les mains du premier Consul, le serment de fidélité qui était en usage avant le changement du Gouvernement, exprimé dans les termes suivants :

» *Je jure et promets à Dieu, sur les saints Evan-*
» *giles, de garder obéissance et fidélité au Gouver-*
» *nement établi par la constitution de la République*
» *française. Je promets aussi de n'avoir aucune in-*
» *telligence, de n'assister à aucun Conseil, de n'en-*
» *tretenir aucune ligue, soit au dedans, soit au*
» *dehors, qui soit contraire à la tranquillité publique,*
» *et si, dans mon diocèse ou ailleurs, j'apprends qu'il*
» *se trame quelque chose au préjudice de l'Etat, je*
» *le ferai savoir au Gouvernement* ».

» Article 7. — Les ecclésiastiques de second ordre, prêteront le même serment entre les mains des autorités civiles désignées par le Gouvernement.

» Article 8. — La formule de prières suivante sera récitée à la fin de l'office divin, dans toutes les églises catholiques de France : « *Domine, salvam fac rempublicam; Domine salvos fac consules* ».

» Article 9. — Les évêques nommeront aux cures. Leur choix ne pourra tomber que sur des personnes agréées par le Gouvernement.

» Article 10. — Les évêques pourront avoir un chapitre dans leur cathédrale, et un séminaire dans leur diocèse, *sans que le Gouvernement s'oblige à les doter.*

» Article. 11. — Toutes les églises métropolitaines, cathédrales, paroissiales et autres non aliénées, nécessaires au culte, seront remises à la disposition des évêques.

» Article 12. — Sa Sainteté, pour le bien de la paix et l'heureux rétablissement de la religion catholique, déclare que ni elle ni ses successeurs ne troubléront en aucune manière les acquéreurs des biens ecclésiastiques aliénés et, qu'en conséquence, la propriété de ces mêmes biens, les droits et revenus y attachés demeureront incommutables entre leurs mains ou celles de leurs ayants-cause.

» Article 13. — Le Gouvernement prendra également des mesures pour que les catholiques français puissent, s'ils le veulent, faire en faveur des églises des fondations.

» Article 14. — Le Gouvernement assurera un traitement convenable aux évêques et aux curés dont les diocèses et les paroisses seront compris dans la circonscription nouvelle.

» Article 15. — Sa Sainteté reconnaît au premier Consul de la République française les mêmes droits et prérogatives dont jouissait près d'elle l'ancien Gouvernement.

» Article 16. — Il est convenu entre les parties contractantes que, dans les cas où quelqu'un des successeurs du premier Consul actuel ne serait pas catholique, les droits et prérogatives mentionnés dans l'articles ci-dessus, et la nomination aux évêchés, seront réglés, par rapport à lui, par une nouvelle Convention. »

ARTICLES ORGANIQUES

DE LA CONVENTION DU 26 MESSIDOR AN IX

TITRE PREMIER

DU RÉGIME DE L'ÉGLISE CATHOLIQUE DANS SES RAPPORTS GÉNÉRAUX AVEC LES DROITS ET LA POLICE DE L'ÉTAT

» Article premier. — Aucune bulle, bref, rescrit, décret, mandat, provision, signature servant de provision, ni autres expéditions de la cour de Rome, *même concernant les particuliers*, ne pourront être reçus, publiés, imprimés, ni autrement mis à exécution, sans l'autorisation du Gouvernement.

» Article 2. — Aucun individu, se disant nonce, légat, vicaire ou commissaire apostolique, ou se prévalant de toute autre dénomination, ne pourra, sans la même autorisation, exercer sur le sol français, ni ailleurs, aucune fonction relative aux affaires de l'Eglise gallicane.

» Article 3. — Les décrets des synodes étrangers, *même ceux des Conseils généraux*, ne pourront être publiés en France, avant que le Gouvernement en ait examiné la forme, leur conformité avec les lois, droits et franchises de la République française, et tout ce qui, dans leur application, pourrait altérer ou intéresser la tranquillité publique.

» Article 4. — Aucun Concile national ou métropolitain, aucun synode diocésain, aucune assemblée délibérante n'aura lieu sans la permission expresse du Gouvernement.

» Article 5. — Toutes les fonctions ecclésiastiques seront gratuites, *sauf les ablations*, qui seraient autorisées et fixées par les règlements.

» Article 6. — Il y aura recours au Conseil d'Etat dans tous les *cas d'abus* de la part des supérieurs et autres personnes ecclésiastiques.

» Les cas d'abus sont : l'usurpation ou l'excès de pouvoir, la contravention aux lois et règlements de la République, l'infraction aux règles consacrées par les canons reçus en France, l'attentat aux libertés, franchises et coutumes de l'Eglise gallicane, et toute entreprise ou tout procédé qui, dans l'exercice du culte, peut compromettre l'honneur des citoyens, troubler arbitrairement leur conscience, dégénérer contre eux en oppression ou en injure, ou scandale public.

» Article 7. — Il y aura pareillement recours au

Conseil d'Etat, s'il est porté atteinte à l'exercice public du culte et à sa liberté, que les lois et les règlements garantissent à ses ministres.

» Article 8. — Le recours compétera à toute personne intéressée et, à défaut de plainte particulière, il sera exercé d'office par les préfets. Le fonctionnaire public, l'ecclésiastique ou la personne qui voudra exercer ce recours, adressera un mémoire détaillé et signé au conseiller d'Etat chargé de toutes les affaires concernant les cultes, lequel sera tenu de prendre, dans le plus court délai, tous les renseignements convenables; sur son rapport, l'affaire sera suivie et définitivement terminée dans la forme administrative, ou renvoyée, selon l'exigence du cas, aux autorités compétentes.

» TITRE II

» DES MINISTRES

» Section première. — *Dispositions générales.*

» Article 9. — Le culte catholique sera exercé sous la direction des archevêques et évêques dans leurs diocèses, et sous celles des curés dans leurs paroisses.

» Article 10. — Tout privilége portant exemption ou attribution de la juridiction épiscopale est aboli.

» Article 11. — Les archevêques et évêques pourront, avec l'autorisation du Gouvernement, établir dans leurs diocèses des chapitres cathédraux et des séminaires. TOUS AUTRES ÉTABLISSEMENTS ECCLÉSIASTIQUES SONT SUPPRIMÉS.

» Article 12. — Il sera libre aux archevêques et évêques d'ajouter à leur nom le titre de « Citoyen » ou celui de « Monsieur ».

» TOUTES AUTRES QUALIFICATIONS SONT INTERDITES.

» Section II. — *Des archevêques ou métropolitains.*

» Article 13. — Les archevêques consacreront et installeront leurs suffragants.

» En cas d'empêchement ou de refus de leur part, ils seront suppléés par les plus anciens Evêques de l'arrondissement métropolitain.

» Article 14. — Ils veilleront au maintien de la foi et de la discipline dans les diocèses dépendant de leur métropole.

» Article 15. — Ils connaîtront des réclamations et des plaintes contre la conduite et les décisions des évêques suffragants.

» Section III. — *Des évêques, des vicaires généraux et des séminaires.*

» Article 16. — On ne pourra être nommé évêque avant l'âge de trente ans, et si l'on n'est originaire Français.

» Article 17. — Avant l'expédition de l'arrêté de nomination, celui ou ceux qui seront proposés seront tenus de rapporter une attestation de bonnes vie et mœurs, expédiée par l'Evêque dans le diocèse duquel ils auront exercé les fonctions du ministère ecclésiastique, et ils seront examinés, sur leur doctrine, par un évêque et deux prêtres qui seront commis par le premier Consul, lesquels adresseront le résultat de leur examen au conseiller d'Etat chargé de toutes les affaires concernant le culte.

» Article 18. — Le prêtre nommé par le premier Consul fera les diligences pour rapporter l'institution du Pape. Il ne pourra exercer aucune fonction avant que la Bulle portant son institution ait reçu l'attache du Gouvernement, et qu'il ait prêté *en personne* le serment prescrit par la convention passée entre le Gouvernement Français et le Saint-Siège. Ce serment sera prêté au premier Consul. Il en sera dressé procès-verbal par le secrétaire d'Etat.

» Article 19. — Les évêques nommeront et institueront les curés; néanmoins, ils ne manifesteront leur nomination et ils ne donneront l'institution canonique qu'après que cette nomination aura été agréée par le premier Consul.

» Article 20. — Ils seront tenus de résider dans leurs diocèses; ils ne pourront en sortir qu'avec la permission du premier Consul.

» Article 21. — Chaque évêque pourra nommer deux vicaires généraux, et chaque archevêque pourra en nommer trois. Ils les choisiront parmi les prêtres ayant les qualités requises pour être évêque.

» Article 22. — Ils visiteront annuellement et en personne, une partie de leur diocèse, et, dans l'espace de cinq ans, le diocèse entier. En cas d'empêchement légitime, la visite sera faite par un vicaire général.

» Article 23. — Les évêques seront chargés de l'organisation de leurs séminaires, et les réglements de cette organisation seront soumis à l'approbation du premier Consul.

« Article 24. — Ceux qui seront choisis pour l'enseignement dans les séminaires, souscriront la déclaration faite par le clergé de France en 1682, et publié par un Edit de la même année; ils se soumettront à y enseigner la doctrine qui y est contenue, et les évêques adresseront une expédition en forme de cette soumission au conseiller d'Etat chargé de toutes les affaires concernant les cultes.

» Article 25. — Les évêques enverront, toutes les années, à ce conseiller d'Etat, le nom des personnes qui étudieront dans les séminaires et qui se destineront à l'état ecclésiastique.

» Article 26. — Ils ne pourront ordonner aucun ecclésiastique s'il ne justifie d'une propriété produisant au moins un revenu annuel de trois cents francs, s'il n'a atteint l'âge de vingt cinq ans, et s'il ne réunit les qualités requises par les Canons reçus en France. Les évêques ne feront aucune ordination avant que le nom des personnes à ordonner ait été soumis au Gouvernement et agréé par lui.

» Section IV. — *Des curés.*

» Article 27. — Les curés ne pourront entrer en fonctions qu'après avoir prêté, entre les mains du Préfet, le serment prescrit par la convention passée entre le Gouvernement et le Saint-Siège. Il sera dressé procès-verbal de cette prestation par le secrétaire général de la préfecture, et copie collationnée leur en sera délivrée.

» Article 28. — Ils seront mis en possession par le curé ou le prêtre que l'évêque désignera.

» Article 29. — Ils seront tenus de résider dans leurs paroisses.

» Article 30. — Les curés seront immédiatement soumis aux évêques dans l'exercice de leurs fonctions.

» Article 31. — Les vicaires et desservants exerceront leur ministère sous la surveillance et direction des curés. Ils seront approuvés par l'évêque, et révocables par lui.

» Article 32. — Aucun étranger ne pourra être employé dans les fonctions du ministère ecclésiastique sans la permission du Gouvernement.

» Article 33. — *Toute fonction est interdite à tout ecclésiastique, même français, qui n'appartient à aucun diocèse.*

» Article 34. — Un prêtre ne pourra quitter son diocèse pour aller desservir dans un autre, sans la permission de son Evêque.

» Section V. — *Des chapitres cathédraux et du gouvernement des diocèses pendant la vacance du siège.*

» Article 35. — Les archevêques et évêques qui

voudront user de la faculté qui leur est donnée d'établir des Chapitres, ne pourront le faire sans avoir rapporté l'autorisation du Gouvernement, tant pour l'établissement lui-même que pour le nombre et le choix des ecclésiastiques destinés à les former.

» Article 36. — Pendant la vacance des sièges, il sera pourvu par le métropolitain, et, à son défaut, par le plus ancien des évêques suffragants, au gouvernement des diocèses. Les vicaires généraux de ces diocèses continueront leurs fonctions, même après la mort de l'évêque, jusqu'à son remplacement.

» Article 37. — Les métropolitains, les chapitres cathédraux, seront tenus, *sans délai*, de donner avis au Gouvernement de la vacance des sièges et des mesures qui auront été prises pour le gouvernement des diocèses vacants.

» Article 38. — Les vicaires généraux qui gouverneront pendant la vacance, ainsi que les métropolitains ou capitulaires, ne se permettront aucune innovation dans les usages et coutumes des diocèses.

» TITRE III

» DU CULTE

» Article 39. — *Il n'y aura qu'*UNE *liturgie et* UN *catéchisme pour* TOUTES *les églises catholiques de France.*

» Article 40. — Aucun curé ne pourra ordonner des prières publiques extraordinaires dans sa paroisse, sans la permission spéciale de l'Evêque.

» Article 41. — Aucune fête, à l'exception du dimanche, ne pourra être établie sans la permission du Gouvernement.

» Article 42. — Les ecclésiastiques useront, dans les cérémonies religieuses, des habits et ornements convenables à leur titre ; ils ne pourront, dans aucun cas, ni sous aucun prétexte, prendre la couleur et les marques distinctives réservées aux Evêques.

» Article 43. — Tous les ecclésiastiques seront habillés à la française, et en noir. Les évêques pourront joindre à ce costume la croix pastorale et les bas violets.

» Article 44. — Les chapelles domestiques, les oratoires particuliers, ne pourront être établis sans la permission expresse du Gouvernement, accordée sur la demande de l'Evêque.

» Article 45. — *Aucune cérémonie religieuse n'aura lieu hors des édifices consacrés au culte catholique, dans les villes où il y a des temples destinés à différents cultes.*

» Article 46. — Le même temple ne pourra être consacré qu'à un même culte.

» Article 47. — Il y aura, dans les cathédrales et paroisses, une place distinguée pour les individus catholiques qui remplissent les autorités civiles et militaires.

» Article 48. — L'Evêque se concertera avec le Préfet pour régler la manière d'appeler les fidèles au service divin par le son des cloches ; *on ne pourra les sonner pour toute autre cause sans la permission de la police locale.*

» Article 49. — Lorsque le Gouvernement ordonnera des prières publiques, les évêques se concerteront avec le Préfet et le commandant militaire du lieu, pour le jour, l'heure et le mode d'exécution de ces ordonnances.

» Article 50. — Les prédications solennelles appelées *sermons* et celles connues sous le nom de *stations de l'Avent et du Carême*, ne seront faites que par des prêtres qui en auront obtenu une autorisation spéciale de l'évêque.

» Article 51. — Les curés, aux prônes des messes

paroissiales, prieront et feront prier pour la prospérité de la République française et pour les Consuls.

» Article 52. — *Ils ne se permettront, dans leurs instructions, aucune inculpation directe ou indirecte, soit contre les personnes, soit contre les autres cultes autorisés dans l'Etat.*

» Article 53. — Ils ne feront au prône *aucune publication étrangère* à l'exercice du culte, si ce n'est celles qui seront ordonnées par le Gouvernement.

» Article 54. — Ils ne donneront la bénédiction nuptiale qu'à ceux qui justifieront, en bonne et due forme, avoir contracté mariage devant l'officier civil.

» Article 55. — Les registres tenus par les ministres du culte, n'étant et ne pouvant être relatifs qu'à l'administration des sacrements, ne pourront, dans aucun cas, suppléer les registres ordonnés par la loi pour constater l'état civil des Français.

» Article 56. — Dans tous les actes ecclésiastiques et religieux, on sera obligé de se servir du calendrier d'équinoxe établi par les lois de la République. On désignera les jours par les noms qu'ils avaient dans le calendrier des solstices.

» Article 57. — Le repos des fonctionnaires publics est fixé au dimanche.

» TITRE IV

» DE LA CIRCONSCRIPTION DES ARCHEVÊCHÉS, DES ÉVÊCHÉS ET DES PAROISSES; DES ÉDIFICES DESTINÉS AU CULTE, ET DU TRAITEMENT DES MINISTRES.

» Section première. — *De la circonscription des archevêchés et des évêchés.*

» Article 58. — Il y aura, en France, DIX ARCHEVÊCHÉS ou métropoles et CINQUANTE ÉVÊCHÉS.

» Article 59. — La circonscription des métropoles et diocèses sera faite conformément au tableau ci-joint.

» Section II. — *De la circonscription des paroisses.*

» Article 60. — Il y aura au moins une paroisse dans chaque justice de paix. Il sera, en outre, établi autant de succursales que le besoin pourra l'exiger.

» Article 61. — Chaque évêque, de concert avec le préfet, réglera le nombre et l'étendue de ces succursales. Les plans arrêtés seront soumis au Gouvernement, et ne pourront être mis à exécution sans son autorisation.

» Article 62. — Aucune partie du territoire français ne pourra être érigée en cure ou en succursale sans l'autorisation expresse du Gouvernement.

» Article 63. — Les prêtres desservant les succursales sont nommés par les Evêques.

» Section III. — *Du traitement des ministres.*

» Article 64. — Le traitement des Archevêques sera de *quinze mille francs.*

» Article 65. — Le traitement des Evêques sera de *dix millle francs.*

» Article 66. — Les curés seront distribués en deux classes. Le traitement des curés de la 1re classe sera porté à *quinze cents francs,* celui des curés de la 2e classe à *mille francs.*

» Article 67. — Les pensions dont ils jouissent, en exécution des lois de l'Assemblée constituante, seront précomptées sur leur traitement; les conseils généraux des grandes communes pourront, sur leurs biens ruraux ou sur leurs octrois, leur accorder une augmentation de traitement, si les circonstances l'exigent.

» Article 68. — Les vicaires et desservants seront choisis parmi les ecclésiastiques pensionnés en exécution des lois de l'Assemblée constituante. Le montant de ces pensions et le produit des oblations formeront leur traitement.

» Article 69. — Les évêques rédigeront les projets de règlements relatifs aux ablations que les ministres du culte sont autorisés à recevoir pour l'administration des sacrements. Les projets de règlements, rédigés par les évêques, ne pourront être publiés, ni autrement mis à exécution, qu'après avoir été approuvés par le Gouvernement.

» Article 70. — Tout ecclésiastique, pensionnaire de l'Etat, sera privé de sa pension, s'il refuse, sans cause légitime, les fonctions qui pouront lui être confiées.

» Article 71. — Les presbytères et les jardins attenants, non aliénés, seront rendus aux curés et aux desservants des succursales. A défaut de ces presbytères, les conseils généraux des communes sont autorisés à leur procurer un logement et un jardin.

» Article 73. — Les fondations qui ont pour objet l'entretien des ministres et l'exercice du culte ne pourront consister qu'en rentes constituées sur l'Etat : elles seront acceptées par l'Evêque diocésain, et ne pourront être exécutées qu'avec l'autorisation du Gouvernement.

» Article 74. — Les immeubles, autres que les édifices destinés au logement et les jardins attenants, ne pourront être affectés à des titres ecclésiastiques, ni possédés par les ministres du culte à raison de leurs fonctions.

» Section IV. — *Des édifices destinés au culte.*

» Article 75. — Les édifices anciennement destinés au culte catholique, actuellement dans les mains de la nation, à raison d'un édifice par cure et par succursale, seront mis à la disposition des évêques, par arrêté du Préfet du département. Une expédition de ces arrêtés sera adressée au conseiller d'Etat chargé de toutes les affaires concernant les cultes.

» Article 76. — Il sera établi des fabriques pour veiller à l'entretien et à la conservation des temples, à l'administration des aumônes.

» Article 77. — Dans les paroisses où il n'y aura point d'édifice disponible pour le culte, l'évêque se concertera avec le préfet pour la désignation d'un édifice convenable. »

Tel est le texte officiel du Concordat du 18 germinal an X. Il est vrai que certaines modifications y ont été introduites depuis, mais il est resté le même dans les grandes lignes. J'ajoute que ce Concordat, tant décrié par des esprits superficiels — qui ne se sont point donné la peine de l'étudier avec attention — est, dans ses principaux articles, absolument en faveur de l'Etat. Les mesures qu'il édicte sont de véritables garanties contre les empiètements de l'Eglise. Et je vais plus loin dans cet ordre d'idées, quoique non catholique, j'estime que pour la liberté de conscience, pour la paix des familles, pour la tranquillité de la République, l'heure de son abrogation n'est pas encore venue.

Avant de séparer les Eglises de l'Etat, il faut donner à la jeunesse française une éducation civique et laïque, l'élever avec des notions de morale vraiment patriotiques, en un mot, faire des hommes et des citoyens, n'ayant pour principe que l'amour de la patrie et le respect du Gouvernement. Il faut, dis-je, réparer les fautes du second empire, qui avait complètement livré l'éducation de la jeunesse aux mains des Jésuites.

Aujourd'hui, plus que jamais, la France a besoin de s'arracher des griffes de l'ultramontanisme. On ne voit pas assez le danger qui nous menace, les deux tiers des enfants de la bourgeoisie sont complétement jésuitisés. C'est triste à dire, mais c'est ainsi.

Au sujet du Concordat, M. de Marcère, écrivait dernièrement : « A la suite des orages de la Révolution, le premier Consul, obéissant à une nécessité sociale universellement ressentie, voulut réédifier l'Eglise de France. Il fit une œuvre complète, et il l'adapta au régime autoritaire qui était le sien. Mais, cette fois, il s'assura le concours du clergé. Il fit appel à l'autorité catholique la plus haute, qui, seule, était capable de plier les restes de l'ancien clergé français à l'obéissance et à l'acceptation du nouvel état de choses créé par la Révolution. Aussi l'œuvre a-t-elle réussi, mais comme tant d'autres institutions de la même époque, elle a subi les effets du temps.

» Aujourd'hui l'édifice est démantelé, et il n'en reste que des débris qui *gênent la marche de la nation dans la voie où elle s'avance.*

» Il ne s'agit pas de réédifier péniblement pièce à pièce, à l'aide d'ordres du jour émis par des Chambres passionnées, de mesures prises par des ministres dont les intentions sont changeantes, de décisions rendues un peu au gré du jour par des juridictions diverses qui trouvent à leur disposition tout un arsenal de lois surannées et contestées par l'opinion publique. Si l'on veut sincèrement la paix dans le pays, et la sécurité rendue à la religion catholique, il faut résolument aborder cette tâche gouvernementale, en hommes de gouvernement et non en hommes de partis : Il faut se rendre compte des conditions dans lesquelles l'Eglise de France pourra vivre tranquille, obéissante et libre sous le régime républicain.

» Il faut que les majorités, qui sont souveraines apprennent à faire comme faisaient les empereurs et les rois quand ils avaient à traiter avec la Puissance spirituelle qui, sans dominer, a sa part et sa place dans la vie nationale. Il faut enfin que la pacification se fasse sur des données acceptées de part et d'autre, et débattues par les deux partis dont il s'agit de concilier les obligations, les droits et les besoins ».

Je suis absolument de l'avis de M. de Marcère, le Concordat doit être révisé et mis en harmonie avec notre système de gouvernement politique actuel. Au lieu de s'entre-déchirer comme on le fait, il faudrait, dis-je, dénoncer le Concordat, et faire préparer un projet qui — bien entendu — serait soumis aux Chambres. Ce projet serait élaboré par un conseil formé d'ecclésiastiques et de laïcs compétents, éclairés, animés d'un même esprit de concorde et de justice.

Est-ce que les hommes qui se montrent les plus jaloux des droits de l'Etat ont encore à apprendre que c'est surtout dans les pays où les catholiques sont en majorité, qu'il est utile à l'Etat de se prémunir contre les envahissements du clergé ? Et ne vaut-il pas mieux, au lieu de la brusque séparation des Eglises et de l'Etat, avoir dans la main l'arme d'un bon traité, que l'arme de la tyrannie. Les représailles n'ont jamais produit de bons effets. Les martyres font des prosélytes. On commettrait une énorme maladresse — que dis-je, une faute grave — si l'on essayait d'agir par la persécution. Une telle politique serait, d'ailleurs, indigne du vieux renom de libéralisme et de générosité de la nation française.

Nul ne me contredira quand je dirai que l'institution religieuse appelle une réforme. Il est bien évident que l'Eglise ne peut plus soutenir, dans l'Etat, le rôle qu'elle a joué sous les régimes monarchiques. Le clergé doit participer aujourd'hui plus qu'il ne l'a fait dans le passé, aux charges communes ; qu'il soit astreint d'une façon plus complète aux devoirs civiques, au service militaire... c'est bien. Mais il y a d'autres réformes à pratiquer. Il est juste et nécessaire que la loi de l'égalité s'étende sur lui. Mais il n'est ni moins nécessaire, ni moins juste, que la liberté de l'Eglise soit respectée, et que les exigences du culte restraint dans son domaine légitime soient satisfaites.

C'est une législation nouvelle à codifier, et cette législation ne peut être bonne qu'à la condition que les deux partis y auront contribué, qu'à la condition qu'elle sera consacrée par les deux puissances contractantes.

J'entends déjà les cris de paon que pousseraient les énergumènes assez aveuglés par leur passion pour croire que la séparation des Eglises et de l'Etat mettra fin à la lutte. Hélas ! non, ce serait un brandon de discorde qui ne s'éteindrait pas de longtemps, et dont le parti libéral aurait énormément à souffrir.

Je ne voudrais pas terminer sur le Concordat sans insister sur la portée de certains articles qui méritent être mieux connus du public, car leur teneur même prouve d'une façon évidente que le Concordat, tant calomnié par certains coureurs de popularité malsaine, est encore une arme sérieuse et précieuse entre les mains du Gouvernement contre les fautes et les attaques des ultramontains.

Il existe un contrat, accepté de part et d'autre; ce contrat jusqu'à la revision du Concordat doit être observé *à la lettre*. Le respect des lois est la première des conditions pour amener l'harmonie entre les citoyens et la tranquillité dans le pays.

Il est vrai que les Gouvernements qui se sont succédé depuis le 18 germinal an X, ont laissé l'Eglise violer ou tourner la loi qu'elle devait respecter. En cela, elle a suivi les conseils des Jésuites, et aujourd'hui que le Gouvernement veut mettre ordre à ses abus, et la rappeler à l'observance des articles concordataires, c'est avec des cris d'indignation qu'elle proteste et veut se poser en martyre. En agissant ainsi, l'Eglise s'engage dans une funeste voie. Elle ferait beaucoup mieux, au lieu de s'insurger, de réfléchir aux conséquences qui peuvent résulter d'une campagne aussi maladroite. Si elle continue, elle tournera bien certainement contre elle bon nombre de libéraux qui ne demandaient pas mieux que de vivre en paix avec le Concordat.

Mais examinons les articles qui méritent d'être pris en très sérieuse considération.

C'est d'abord l'article 6 qui dit :

Les évêques, avant d'entrer en fonctions, prêteront directement, entre les mains du premier Consul, le serment de fidélité qui était en usage avant le changement du Gouvernement :
» *Je jure et promets à Dieu, sur les saints Evan-*
» *giles, de garder obéissance et fidélité au Gouver-*
» *nement établi par la constitution de la République*
» *française. Je promets aussi de n'avoir aucune in-*
» *telligence, de n'assister à aucun Conseil, de n'en-*
» *tretenir aucune ligue, soit au dedans, soit au*
» *dehors, qui soit contraire à la tranquillité publique,*
» *et si, dans mon diocèse ou ailleurs, j'apprends qu'il*
» *se trame quelque chose au préjudice de l'Etat, je*
» *le ferai savoir au Gouvernement* ».

Combien y a-t-il d'évêques qui, après avoir prêté ce serment, l'ont respecté ?

Hélas ! le nombre en est tellement restreint qu'on n'en pourrait peut-être citer aucun.

Si Messieurs les Jésuites — grands directeurs des

consciences — ont trouvé d'ingénieux moyens pour dénaturer les textes, violer les serments, manquer à la parole donnée, il ne s'ensuit pas moins que le Gouvernement — contrairement aux théories du Père Gury et consorts — a le droit, et j'ajoute qu'il a le devoir — de rappeler ce serment à ceux qui font semblant de l'oublier, et qui ont une conduite absolument contraire aux promesses qu'ils ont faites. Nous l'avons bien vu aux 16 et 24 Mai. Et tout dernièrement encore, sous le Boulangisme, qui donc était à la tête de la conspiration? Quels sont ceux qui ont été les plus zélés pour renverser le Gouvernement qu'ils avaient prêté solennement le serment de défendre? Quels étaient les conspirateurs les plus acharnés? Messieurs les évêques. De leur serment, ils se moquaient comme d'une guigne. Que leur importaient la guerre civile? Que leur importaient les paroles de Mac-Mahon refusant de se prêter à leurs projets de coup d'Etat : « Les chassepots partiraient tous seuls »? Que la France soit mise à feu et à sang, pourvu qu'une Monarchie quelconque sorte de ces effroyables désastres. La France, cette noble et grande nation, ne compte pas pour eux. C'est le pouvoir qu'il leur faut, même ramassé sur les ruines de la patrie démembrée.

Tout le clergé était, grâce aux évêques, enrôlé sous la bannière de la conspiration monarchique; pas un d'eux n'a eu la pudeur de tenir son serment;

tous, sans exception, ont conspiré ouvertement, publiquement contre la République qu'ils avaient juré de défendre, contre la loi qu'ils avaient juré de respecter. C'est à ce moment qu'il fallait les frapper sans pitié. De par le Concordat, ils sont fonctionnaires. Ils étaient coupables. On les avait pris la main dans le sac. Il fallait faire un exemple, les révoquer sans autre forme de procès. Il n'aurait pas manqué de curés pour les remplacer, et la leçon aurait porté des fruits.

Plus on paraît faible, moins on est craint; moins on hésite à se montrer fort, plus on est respecté. Un acte de vigueur et de rigueur aurait donné à réfléchir aux ennemis du Gouvernement; archevêques, évêques, grands dignitaires de l'Eglise, tous auraient appris à leurs dépens qu'on ne trahit pas impunément l'Etat dont on est le salarié.

Voici un autre article dont MM. les curés affectent d'ignorer l'existence, et que le Gouvernement ferait bien de faire exécuter à la lettre :

» *Aucune bulle, bref, rescrit, décret, mandat, provision, signature servant de provision, ni autres expéditions de la cour de Rome, même concernant les particuliers, ne pourront être reçus, publiés, imprimés ni autrement mis à exécution sans l'autorisation du Gouvernnment* ».

Depuis vingt ans, dans toutes ou presque toutes les élections, le clergé ne s'est point gêné pour violer ces prescriptions dans le but d'agir, auprès des paroissiens, contre les candidats libéraux : on lisait les circulaires, les mandements de toute sorte jusque dans les églises. On ne se contentait pas des visites, ni du confessionnal, la chaire à prêcher l'Evangile de Jésus, servait de tribune politique, d'où les calomnies tombaient dru sur la tête du Gouvernement de la République et des républicains. Les plus honnêtes pères de famille étaient salis, ternis, traînés dans la boue par certains prêtres énergumènes qui croyaient ainsi rendre service à l'Eglise, alors qu'ils l'abaissaient et l'avilissaient, par ces turpitudes indignes d'hommes bien élevés.

Comment veut-on, après cela, que de braves citoyens, de sincères patriotes, qui ont entendu ces monstrueuses déclamations, ne soient pas aigris, indignés de voir ceux qui devraient donner l'exemple de la concorde, de la paix, de l'harmonie, de l'amour, prêcher la guerre civile, fomenter la révolution, exciter les passions les plus basses et les plus féroces. Il n'est pas étonnant que le clergé récolte ce qu'il a semé. De là cette haine sourde, mais bien justifiée, non contre la religion que le peuple respecte, mais contre le prêtre qu'il considère comme son ennemi.

Est-ce que l'Eglise se croit liée envers l'Etat ?... Est-ce que les évêques se préoccupent de l'autorisation du Conseil d'Etat, pour publier les lettres du Pape ?... Est-ce qu'ils demandent aux préfets l'autorisation de quitter leurs diocèses?... Est-ce qu'ils se font un scrupule d'attaquer le Gouvernement de la République, d'injurier les Ministres, et — ceci est chose monstrueuse — de faire même cause commune avec les ennemis de la France ?

Mais de ce que le Concordat a été violé, on aurait tort de tirer la conséquence qu'il faut séparer les Eglises de l'Etat. Il offre des garanties éventuelles, et l'utilité de ces garanties est évidente. Ce n'est pas Bonaparte, sous la Révolution, qui a compris le premier cette nécessité; avant lui, Louis XIV, François Ier, Charles VII, et même saint Louis avaient cru devoir prendre aussi leurs précautions contre les empiètements de l'Eglise de Rome.

Rappelons maintenant les articles 51, 52 et 53 :

» Article 51. — Les curés, aux prônes des messes paroissiales, prieront et feront prier pour la prospérité de la République française et pour les Consuls.

» Article 52. — *Ils ne se permettront, dans leurs instructions, aucune inculpation directe ou indirecte, soit contre les personnes, soit contre les autres cultes autorisés dans l'Etat.*

» Article 53. — Ils ne feront au prône *aucune publication étrangère* à l'exercice du culte, si ce n'est celles qui seront ordonnées par le Gouvernement.

Encore trois articles qui sont lettre morte. Comme messieurs les prédicateurs se gênent pour attaquer, non par allusion, mais ouvertement, publiquement, le Gouvernement de la République ! Ce ne sont pas des prières, mais des menaces, des insultes, des calomnies qui sont journellement débitées dans cette chaire évangélique qui ne devrait entendre que des sermons de morale, de piété et d'amour du prochain.

Je n'insisterais pas sur ce point si je n'avais à citer comme exemple que quelques trop fougueux et trop zélés curés de campagne, habitant des communes qui sont de véritables fiefs de grands seigneurs. Ceux-là sont, jusqu'à un certain point, si non excusables, du moins pardonnables. Comme le dimanche, de temps en temps, ils vont dîner au château, il faut bien qu'ils aient la reconnaissance du ventre, et quoi d'extraordinaire qu'en payant leur dîner en belles paroles, ils oublient qu'ils sont fils de prolétaires et que Jésus lui-même était le plus prolétaire des prolétaires? Quoi d'étonnant que ceux-ci ne cessent de fulminer contre la liberté, contre le droit, contre la justice, et même contre la République qui les paie, et dont ils sont les serviteurs !

Mais ce n'est pas seulement dans les campagnes, dans ces modestes églises de villages que les prédicateurs se permettent de critiquer le Gouvernement. C'est en plein Paris. A la fameuse basilique, le Père Monsabré disait ces jours derniers, à l'occasion de l'inauguration de cette œuvre des Jésuites :

« Après vingt ans, la misère est plus grande qu'au lendemain des désastres causés par la guerre étrangère et par la guerre civile, le vice plus puissant, l'égoïsme plus profond. La libre pensée règne en souveraine. La France s'enlise de plus en plus dans l'abjection. L'idée de Dieu est bannie partout. Les insolentes et odieuses négations des philosophes ont jeté une semence de mal dans toutes les âmes, et la semence a germé, et elle a produit ce prolétariat plein de convoitises menaçantes, qui, tôt ou tard, d'une chiquenaude, renversera les fortunes scandaleuses.

» Il n'y a qu'un moyen de relever la France et de la sauver : c'est de rendre l'école au prêtre, et de restituer l'Etat à l'Eglise. Notre-Dame du Sacré-Cœur fera ce miracle, pour peu qu'on veuille l'y aider, etc...... »

Le voilà donc enfin effrontement dévoilé, le projet des Jésuites, l'idéal de M. Buffet, le rêve de M. de Mun, celui de feu M. Freppel : l'école au prêtre, l'Etat à l'Eglise ! Revenir cinq siècles en arrière, tel est le programme de l'ultramontanisme. Voilà le miracle attendu. Les sceptiques peuvent rire de ces déclamations, mais ceux qui suivent avec attention ce funeste mouvement, inauguré par la loi Falloux, commencé sous le second Empire, ceux-là ont peur, ceux qui voient clairement, malgré les progrès immenses accomplis par les hommes noirs, les efforts du Gouvernement, ceux-là sont effrayés avec raison, et cherchent à éclairer la nation, à lui montrer le danger qui la menace.

Nous nous endormons dans une douce quiétude. Nous avons la République; la majorité, la grande majorité du peuple lui est profondément attachée, c'est vrai, mais avec notre notre caractère insouciant et confiant, nous n'apercevons pas le péril clérical. On a trop vite oublié le mot de Gambetta, qui, avec sa grande clairvoyance patriotique, le signalait d'une façon si éloquente. Les conseils du grand patriote devraient toujours être présents à la mémoire de ceux qui ont charge de conduire la nation.

Dans le fameux sermon dont je citais plus haut quelques passages, M. de Monsabré a oublié de nous dire par qui avaient été élevés ceux qui versèrent le sang de leurs frères pendant les journées de Juin ; ceux qui firent la Commune; ceux qui, aux horreurs de la guerre étrangère, ne rougirent pas d'ajouter les horreurs de la guerre civile en 1871. Mais c'était par la Monarchie, par l'Empire, par l'Empire clérical, par l'Empire qui avait, plus qu'aucun gouvernement monarchique, *livré* l'éducation de la jeunesse française aux mains des Jésuites.

M. de Montsabré oublie que nous savons tous en France que, depuis vingt ans, la tranquillité n'a pas été troublée; que, malgré nos désastres, notre armée a été reconstituée, et qu'aujourd'hui elle est admirée du monde entier, qu'elle fait l'orgueil et la gloire de la nation, et j'ajoute, la force de la République. S'il se produit quelques grèves, on sait aussi d'où elles proviennent. Que l'on cherche bien, et on trouvera très certainement des amis de M. de Monsabré parmi les meneurs.

Mais continuons à examiner le Concordat :

« Article 64. — Le traitement des Archevêques sera de *quinze mille francs.*

» Article 65. — Le traitement des Evêques sera de *dix mille francs.*

» Article 66. — Les curés seront distribués en deux classes. Le traitement des curés de la 1re classe sera porté à *quinze cents francs*, celui des curés de la 2e classe à *mille francs.* »

Au point de vue des traitements, il est notoire que ces messieurs n'ont pas à ce plaindre de cette *infâme Marianne;* elle est pour eux de bonne composition, car la somme qui leur est actuellement allouée est bien supérieure à celle qui avait été fixée par le Concordat. En 1802, le budget des cultes était seulement de 13 millions; en 1825, il s'élevait à 33 millions; aujourd'hui il dépasse 51 millions.

Et nous sommes en République — Gouvernement tant décrié par le parti clérical. — C'est là un joli denier, ce me semble. Et nul ne contestera que ces 51 millions placés ailleurs — par exemple en travaux publics, ou sur les caisses de retraites des vieux ouvriers de l'agriculture et de l'industrie — ne seraient pas plus profitables à la nation. Nonobstant, on préfère les remettre entre les mains d'ingrats qui mordent lâchement et traîtreusement la main généreuse qui leur donne la pâture.

Mais que demain l'Etat, en face des insultes quotidiennes, des conspirations toujours en permanence de la majeure partie du clergé, au lieu d'abroger le Concordat, se contente de promulguer une bonne petite loi dont l'article unique serait ainsi conçu : « Le traitement des desservants fera partie du budget communal ; il sera facultatif. » Je vais plus loin, c'est le seul remède à apporter à la situation actuelle. Les municipalités auraient le droit, à la première incartade de ces messieurs, de serrer les cordons de la bourse ; on crierait à la persécution, au martyr, au scandale, à l'infamie ; mais on se garderait bien de reconnaître que les seuls coupables ce sont ces prêtres fougueux qui, plus papistes que le Pape, sont les pires ennemis de la religion, en forçant le peuple à la détester, car le peuple confond aujourd'hui religion avec cléricalisme.

Lisez les journaux de sacristie, vous y verrez toujours une colonne remplie d'une prose haineuse, émaillée de calomnies et de mensonges à l'adresse du Gouvernement qui paie à ses auteurs 51 millions pour se faire insulter. Messieurs les cléricaux devraient pourtant voir, par le résultat des élections, que la France est profondément attachée aux principes de la Révolution. Alors à quoi bon continuer cette lutte de l'Eglise contre l'Etat républicain ? Mieux vaudrait s'arrêter que de persévérer dans cette funeste voie. Si la Religion succombe, ce ne sera que par la faute du clergé.

Pourquoi l'Eglise, sous la conduite des Jésuites,

s'acharne-t-elle à combattre ces grands principes lumineux, pacificateurs, d'où sortira l'indépendance des peuples, et non leur esclavage : la liberté de conscience, la souveraineté de la raison et du droit inhérent à la personne humaine. Ces principes n'ont rien, absolument rien d'hostile à la religion, qui est plus respectée par le peuple que par le clergé. D'ailleurs, que sont les principes de la Révolution sinon ceux du Christianisme primitif, prêché par le Christ qui fut, quoi qu'on en dise, un fervent et un véritable républicain.

CHAPITRE XXI

DE LA RÉCENTE ÉVOLUTION DE QUELQUES MEMBRES DU HAUT CLERGÉ

Voilà en quels termes les journaux algériens ont annoncé cette nouvelle évolution.

« Un toste du cardinal Lavigerie.

» *Adhésion à la République.*

» Alger, 12 novembre.

» Aujourd'hui, à la résidence archiépiscopale de Saint-Eugène, un déjeuner a été offert par le cardinal

Lavigerie à l'état-major de l'escadre de la Méditerranée. Les officiers de la flotte étaient au nombre de quarante, ayant à leur tête les vice-amiraux Duperré et Alquier, les contre-amiraux O'Neil et Auger Dufresse.

» Parmi les autres convives, on remarquait l'archevêque Dusserre, coadjuteur; les généraux Bréart, commandant le XIXe corps ; Bayard, commandant la subdivision d'Alger; Florentin, commandant l'artillerie; le préfet, le procureur général, le premier président, le recteur de l'Académie, le président du tribunal civil, le procureur de la République, le secrétaire général du gouverneur et les quatre conseillers du gouvernement.

» A la fin du repas, le cardinal Lavigerie a porté le toste suivant, qui a produit une impression profonde, et auquel on attache, ici, une véritable portée politique, en raison de la situation personnelle de l'orateur, un des doyens du Sacré-Collège et de l'épiscopat; en raison aussi de son récent voyage à Rome et de la confiance intime dont il est l'objet de la part de Léon XIII :

« Messieurs,

» Permettez-moi, avant de nous séparer, de boire à la marine française, si noblement représentée aujourd'hui au milieu de nous.

» Notre marine rappelle à l'Algérie des souvenirs glorieux et chers; elle a contribué, dès le premier jour, à sa conquête, et le nom du chef éminent qui commande actuellement l'escadre de la Méditerranée semble lui ramener comme un lointain écho de ses premiers chants de victoire.

» Je suis donc heureux, monsieur l'amiral, en l'absence de notre gouverneur, retenu loin de nous, d'avoir pu vous faire ici comme une couronne d'honneur de tous ceux qui représentent en Algérie l'autorité de la France, les chefs de notre vaillante armée, de notre administration et de notre magistrature.

» Ce qui me touche surtout, c'est qu'ils soient tous venus à cette table, sur l'invitation du vieil archevêque qui a, comme eux, pour mieux servir la France, fait de l'Algérie sa seconde patrie. Plaise à Dieu que le même spectacle se reproduise dans notre France, et que l'union qui se montre ici parmi nous, en présence de l'étranger qui nous entoure, règne bientôt entre tous les fils de la mère-patrie.

» L'union, en présence de ce passé qui saigne encore, de l'avenir qui menace toujours, est en ce moment, en effet, notre besoin suprême ; l'union est aussi — laissez-moi vous le dire — le premier vœu de l'Eglise et de ses pasteurs à tous les degrés de la hiérarchie. Sans doute, elle ne nous demande de renoncer ni au souvenir des gloires du passé, ni aux sentiments de fidélité et de reconnaissance qui honorent tous les hommes.

» Mais, quand la volonté d'un peuple s'est nettement affirmée, que la forme d'un gouvernement n'a rien en soi de contraire — comme le proclamait dernièrement Léon XIII — aux principes qui seuls peuvent faire vivre les nations chrétiennes et civilisées ; lorsqu'il faut, pour arracher son pays aux abîmes qui le menacent, l'adhésion sans arrière-pensée à cette forme de gouvernement, le moment vient de déclarer, enfin, l'épreuve faite, et, pour mettre un terme à nos divisions, de sacrifier tout ce que la conscience et l'honneur permettent, ordonnent à chacun de nous de se sacrifier pour le salut de la Patrie.

» C'est ce que j'enseigne autour de moi ; c'est ce que je souhaite de voir enseigner en France par tout notre clergé et, en parlant ainsi, *je suis certain de ne point être désavoué par aucune voix autorisée.*

» En dehors de cette résignation, de cette acceptation patriotique, rien n'est possible, en effet, ni pour conserver l'ordre et la paix, ni pour sauver le monde du péril social, ni pour sauver le culte même dont nous sommes les ministres. Ce serait folie d'espérer soutenir les colonnes d'un édifice sans entrer dans l'édifice lui-même, ne serait-ce que pour empêcher ceux qui voudraient tout détruire d'accomplir leur œuvre de folie, surtout d'assiéger du dehors, comme le font encore quelques-uns, malgré des hontes récentes, donnant aux ennemis qui nous observent le spectacle de nos ambitions ou de nos haines, en jetant dans le cœur de la France le découragement, précurseur des dernières catastrophes.

» La marine française nous a, de même que l'armée, donné cet exemple ; quels que fussent les sentiments de chacun de ses membres, elle n'a jamais admis qu'elle dût ni rompre avec ses traditions antiques, ni se séparer du drapeau de la Patrie, quelle que soit la forme, d'ailleurs régulière, du gouvernement qu'abrite ce drapeau.

» Voilà une des causes pour lesquelles la marine française est restée forte et respectée, même aux plus mauvais jours ; pourquoi elle peut porter son drapeau comme un symbole d'honneur partout où elle doit soutenir le nom de la France et — permettez à un Cardinal missionnaire de le dire avec reconnaissance — *où elle protège les missions chrétiennes créées par nous.* Messieurs, à la marine française ! »

L'amiral Duperré a répondu :

« Je remercie votre Eminence, au nom de la marine, dont vous venez d'exprimer les sentiments; je bois à l'apôtre de l'Afrique, à son Eminence le Cardinal et au Clergé de l'Algérie. »

Au moment du départ de ses invités, le cardinal Lavigerie a fait jouer la *Marseillaise* par la musique des Pères-Blancs.

Maintenant, cette adhésion d'un des plus grands princes de l'Eglise et du Pape lui-même est-elle sincère ??? Je veux bien le croire et du Pape et du Cardinal Lavigerie. Le GÉSU, lui, ne l'acceptera jamais; son principe de domination est contraire à tout ce qui se rapproche de la liberté.

A la première nouvelle de cette adhésion publique, le parti clérical, qui prend le mot d'ordre chez les Bons Pères, a entonné la trompette de résistance et voilà l'Église divisée en deux camps. La lutte va s'engager, comme au XVIIIe siècle, entre les Jansénistes et les Molinistes, les Galicans et les Jésuites. Le spectacle promet d'être réjouissant. Nous n'avons pas à nous mêler de cette querelle; tout simplement à marquer les coups. Mais que le Cardinal Lavigerie y prenne garde; s'il est de bonne foi, il peut s'attendre au sort de Clément XIV après sa bulle contre le Gésu (1).

Les royalistes, à qui cette adhésion fait le plus

(1) Au moment où nous corrigeons les épreuves de ce livre, nous apprenons la mort subite du Cardinal. Or, le Cardinal avait un confesseur Jésuite. Quelle curieuse coïncidence!

grand tort, vont organiser, dans toute la France, une campagne dont le but sera de démontrer aux catholiques qu'il ne peut y avoir, pour les intérêts religieux, que péril d'accepter la République. En d'autres termes on veut prêcher et patronner la résistance au mouvement dont M. Lavigerie a pris la direction.

La conférence organisée à Nantes, sous les auspices de MM. Le Court et Cazenove de Pradines, députés royalistes, serait le point de départ de la campagne dont il s'agit. Un des principaux orateurs de cette nouvelle croisade serait, avec M. Chesnelong, M. de Lamazelle, député du Morbihan. Les principaux points qui seraient choisis pour ces conférences sont les grandes villes dans lesquelles fonctionnent les Cercles catholiques bien organisés et dans lesquels les évêques se montrent assez froids vis-à-vis de l'archevêque d'Alger.

Bref, voilà la guerre allumée. M. Freppel et Mme la duchesse d'Uzès — l'ancienne complice de Boulanger — vont à Rome poser leur *ultimatum* à Léon XIII. M. Freppel revient bredouille et la touchante et généreuse amie du condamné de la Haute-Cour n'a pas même l'honneur d'être reçue par le Saint-Père.

Aussi, tous les journaux cléricaux fulminent contre ce pauvre Cardinal, qui a eu la malencontreuse idée d'engager le clergé à cesser de faire la guerre à la République et à accepter le gouvernement que la nation s'est librement donné depuis vingt ans et dont il renouvelle depuis les pouvoirs avec une majorité toujours croissante.

Voilà M. Cornély (du *Gaulois*) en campagne. M. Cornély est catholique et conservateur. Comme catholique, il jette par-dessus bord le cardinal Lavigerie. Comme royaliste, il jette par-dessus bord les conservateurs. On lui fait remarquer qu'il manque de respect au Cardinal-Archevêque d'Alger ; il répond qu'il s'en fiche fortement. Le respect — selon lui — n'a rien à voir là-dedans ; il respecte le Cardinal quand il n'est que Cardinal, il le discute quand il fait de la politique !...

Et le rédacteur du *Gaulois* reproche au clergé sa conduite de 1848-1851.

Il est incontestable qu'en 1848, au lendemain de la proclamation de la République, le clergé catholique a béni, avec ostentation, les arbres de la liberté ; il est non moins incontestable qu'en 1851, le même clergé catholique a béni l'assassin qui avait encore les mains teintes du sang de ses victimes et qui devait, quelques jours après, pour cacher sa honte, faire déraciner les arbres de la liberté.

Voilà pour le clergé ; voici pour le parti conservateur :

« J'aimerais voir un certain nombre d'entre nous — écrit le fougueux réactionnaire Cornély — s'en aller à la République ; ils finiraient peut-être par en dégoûter les républicains. »

M. Barrère, du *Petit Centre,* disait ces jours derniers : « Après Mme la duchesse d'Uzès et M. Freppel, voilà M. Piou, député monarchiste de la Haute-Garonne, qui a été chargé par la Droite d'aller chercher à Rome le mot d'ordre, grâce auquel on tentera de rétablir la discipline dans les rangs du parti réactionnaire.

» Tout va à vau-l'eau chez les monarchistes : les évêques croisent la crosse, les Capucins chantent la *Marseillaise*, d'autres entonnent le fameux *Sauvez Rome et la France*. M. de Cassagnac frappe de sa robuste poigne, comme sur des têtes de Turcs, sur MM. Lavigerie, Richard, etc., sur les évêques qui font risette à la Marianne.

» C'est le chaos ! »

M. Piou est donc allé demander des instructions au Pape. De retour en France, il est resté impénétrable, comme le sphinx, se refusant à tout interview. Quelques journaux affirment que le Pape aurait approuvé l'attitude de M. Lavigerie. La consigne serait de flatter, de caresser la République, d'endormir sa vigilance pour pouvoir l'étrangler plus facilement. Nous verrons bien. En attendant, les républicains n'ont qu'à continuer, comme par le passé, à déployer la plus grande méfiance vis-à-vis du bloc enfariné d'où émerge la haute personnalité de M. Lavigerie.

Qu'on ne s'y trompe pas : dans cette nouvelle campagne il peut y avoir quelques prélats de bonne foi ; mais la majeure partie est complètement dans les mains des Jésuites. Tout n'est, chez eux, qu'un calcul intéressé pour entrer dans la forteresse et en chasser la garnison : « *La maison est à moi, c'est à vous d'en sortir.* »

Après M. Cornély, M. de Cassagnac, voilà un gentilhomme Bérichon, M. le comte de Bourbon-Lignières, qui écrit au *Messager du Cher* pour lui faire part de ses vues sur la situation et sur les devoirs du parti royaliste, à propos du fameux toste du cardinal Lavigerie. Il indique qu'il a « *quelque autorité pour le faire.* » Je l'en crois volontiers sur parole. En cette matière il doit être bien renseigué.

Ce Casuiste autorisé aborde et tranche à sa manière un point intéressant : Il reconnaît l'infaillibilité du Pape ; mais, du moment où ce dernier s'accorde avec le cardinal Lavigerie sur la nécessité de ménager la République, l'infaillibilité papale doit être considérée comme une balançoire !...

Quand je vous ai dit que les pires ennemis de la papauté et de la religion étaient ces trop fougueux amis !

M. de Bourbon-Lignières, qui a commencé par invoquer la propre autorité de l'Eglise, est d'avis que celle du Pape peut parfaitement être contestée en matière politique.

Cette proposition ne passera peut-être pas comme lettre à la poste. Il me souvient que quand le Saint-

Siége, avec Pie IX, encourageait les tentatives de la Réaction contre la République française, on avait grand soin, à Droite, d'invoquer l'infaillibilité du Pape. D'où il résulte que le Pape est absolument infaillible tant qu'il flatte les passions des monarchistes, et qu'il n'est plus qu'un illustre radoteur quand il se permet de les contrecarrer.

Voilà une distinction qui sent le fagot !

M. de Bourbon-Lignières est d'accord sur ce point, du reste, avec un autre catholique de marque qui s'appelle M. Paul de Cassagnac. Celui-ci a déjà vertement prié le Saint-Père de s'occuper de ce qui le regarde et de laisser les catholiques de son espèce régler leurs affaires comme ils l'entendent.

Il est à craindre que cette façon hétérodoxe de rembarrer le Père des fidèles ne laisse concevoir quelques doutes sur les sentiments religieux des politiciens catholiques. Les affaires de l'Eglise, sa gloire, son avenir, tout ça n'est rien en présence de cette gueuse de République, qu'il faut étrangler à tout prix, dût-on même nier l'infaillibilité du Pape, si cela était nécessaire.

M. de Bourbon-Lignières invite les monarchistes à opposer à l'infaillibilité du Pape leur raison *(raison individuelle)* avec indépendance.

C'est le premier pas vers l'affirmation des droits de la Libre Pensée !

Les membres de la Compagnie de Jésus avaient,

depuis longtemps, donné l'exemple de cette manière de considérer le Pontificat souverain. Ils étaient avec le Pape à la condition que le Pape fut d'abord avec eux :

Un Pape les abolit
Il mourut dans les coliques ?

Il n'est pas sans agrément, pour nous spectateurs, de voir les plus ardents défenseurs de l'autel rogner ainsi l'infaillibilité des successeurs de saint Pierre, et la ramener aux propositions commodes d'un dogme fin de siècle, devant lequel un bon catholique peut, suivant l'intérêt du moment ou son intérêt personnel, se prosterner ou hausser les épaules.

M. de Bourbon-Lignières n'est pas le seul à s'insurger contre le cardinal Lavigerie : M. de l'Angle-Baumanoir — qui est lui aussi un gentilhomme « fidèle à Dieu et au roy » — ne demandait-il pas à M. le Ministre des cultes, à la séance du 22 décembre 1891, que le Gouvernement supprimât le traitement alloué à M. le cardinal Lavigerie ?

Voilà bien la perfidie des élèves des Jésuites. Eh quoi ! vous, Gouvernement républicain, vous privez de leurs traitements les prêtres qui s'occupent de politique, et vite il faut frapper cette brebis galeuse, ce prince de l'Eglise, qui ose, ouvertement, faire acte d'adhésion au gouvernement de son pays, à ce diable de Gouvernement qui est hostile à la royauté ! Voyez-vous ça, ce pelé, ce galeux, il s'en est fallu de peu que ce noble royaliste n'écrivit au Pape pour l'excommunier comme un vulgaire mécréant, un hérétique. Et ces nobles serviteurs de l'Eglise viendront, après cela, nous dire que leur seule ambition est le triomphe de la religion catholique !...

Mensonge et jésuitisme !...

D'ailleurs, dans une semblable circonstance, M. le cardinal Lavigerie, qui revenait de Rome quand il porta le fameux toste, n'avait pas agi sans consulter le Pape. Bien certainement toutes les phrases de son fameux speech avaient été examinées par Léon XIII et le Cardinal. Mais M. de l'Angle-Baumanoir fait passer la royauté avant la religion.

De son côté, l'*Univers* publie le texte de deux lettres qui ont été adressées au cardinal archevêque de Paris, par le cardinal Lavigerie et l'évêque de Versailles.

Le cardinal Lavigerie, dans une de ces lettres, fait allusion à une conversation qu'il a eu avec l'archevêque de Paris au moment de son départ pour Rome, et il constate que, dans cette conversation, Mgr Richard a exprimé des idées et des sentiments qui concordent avec la doctrine contenue dans la fameuse lettre du cardinal Rampolla; d'où il suit que l'archevêque de Paris fait acte d'adhésion à la République, comme l'archevêque de Carthage.

Pourquoi cette adhésion? L'évêque de Versailles le dit explicitement dans sa lettre. « Le péril actuel pour l'Eglise et pour la société française, est dans la guerre acharnée qui se fait, depuis tantôt un siècle, et avec un redoublement de fureur aujourd'hui contre tout ce qui caractérise et peut maintenir l'esprit chrétien, au point qu'il est permis de dire avec vous, que la question, à cette heure, n'est pas de savoir si la France demeurera en République ou deviendra une Monarchie, mais si elle restera chrétienne ou si elle cessera de l'être. »

« Le remède est dans l'union de tous les croyants sur le terrain religieux, pour revendiquer, au nom du droit commun qu'on ne peut refuser de nous reconnaître, le respect des consciences, l'égalité devant les charges publiques, la justice et la liberté. »

C'est entendu; le clergé n'accepte la République qu'à son corps défendant et uniquement parce qu'il ne trouve pas d'autre moyen de défendre les intérêts de l'Eglise. C'est à la société civile à se défendre contre ses empiètements et ses revendications de demain. Pour l'instant, il nous suffit de constater qu'il est obligé de reconnaître que les régimes déchus sont définitivement condamnés et que la République est indestructible.

En vérité, nous sommes loin de l'ordre moral, mais il n'en est pas moins vrai que, l'ennemi renonçant ou faisant semblant de renoncer momentanément à une restauration monarchique, le parti libéral ne doit pas s'endormir. Il a le devoir de veiller attentivement au travail de taupes du parti clérical, je l'ai déjà dit : parmi ceux qui font adhésion à la République, il y a des hommes de bonne foi, il y en a qui, tout en ayant fait ce premier pas avec regret, n'en resteront pas moins, parce qu'ils sont des hommes clairvoyants et honnêtes, des alliés fidèles du parti libéral avec les hommes qui avaient suivi les premiers le mouvement indiqué par les Montalivet et les Léonce de Lavergne; mais la majeure partie — celle qui a été élevée sur les genoux des bons Pères — nous sera constamment hostile. Elle cherchera *toujours*, par des moyens détournés, inavouables, à renverser la République.

Ces jours derniers, je lisais ceci dans un journal : « Nous disions hier, en parlant de la grande colère de M. Delafosse, que M. l'Evêque Freppel n'a point obtenu du Saint-Père la répudiation qu'il en espérait du langage de M. le cardinal Lavigerie. La nouvelle se confirme. On lit dans le *Monde*, qui sait fort bien les choses de Rome et d'autres encore :

« Dans l'audience de congé, Mgr Freppel aurait été invité par le Saint-Père à adhérer au programme que contient la lettre du cardinal Rampolla, afin que tout l'épiscopat observe la même attitude dans les circonstances présentes.

» M. l'évêque Freppel doit être fort décontenancé. Nous jurerions, cependant, qu'après réflexion, l'honorable prélat n'en fera ni plus ni moins. La conciliation est peu dans son tempéramment. M. l'évêque d'Angers cesserait d'être s'il cessait de combattre. Et, comme les exhortations du Pape ne sont point articulation de dogme, M. Freppel n'adhèrera en aucune façon à la lettre du cardinal Rampolla.

» C'est que, vraiment (cela semble une injure, mais il faut le dire) rien ne se fera avec les intransigeants de l'Eglise (lisez les Jésuites). Tout doit se faire sans eux et contre eux. Nous sommes, en France, les contemporains d'une évolution où les intransigents ne voient rien, n'entendent rien. Il se croient les maîtres d'en arrêter la marche. Elle les brisera.

» Dans le grand duel entre la démocratie et l'Eglise, n'a-t-on pas vu l'idée religieuse combattue avec d'autant plus d'énergie que l'Eglise mettait plus de violence dans son opposition à la démocratie ?.. Qui dirait que, jusqu'ici, l'Eglise a eu l'avantage et qu'elle a sérieusement fait échec, en quoi que ce soit, aux résolutions du suffrage universel ?..

» L'esprit républicain n'a cessé de s'affirmer, chez nous, depuis vingt ans. Les anathèmes, les ligues, les menaces, les pèlerinages et les lamentations n'ont rien pu contre ses envahissements. En revanche, l'Eglise, d'un aveuglement constant, s'est compromise et amoindrie dans d'inutiles complicités avec les ennemis de la République.

» M. l'évêque Freppel n'est pas un homme à en convenir, sans doute, et encore moins à s'en inquiéter.

Mais il n'y avait point apparence que le Souverain Pontife ne vit pas les choses de plus haut.

» Léon XIII nous est représenté comme un prêtre d'esprit très pénétrant, avec la souplesse d'un diplomate et quelque peu la sérénité d'un philosophe porté à s'accommoder du train nouveau de son temps et fort capable d'en tirer profit pour les intérêts sacrés dont il a la garde.

» De fait, il y a quelques années, lors de son exaltation dans la chapelle sixtine, Léon XIII — dit M. Melchior de Vogué — n'était rien dans Rome. Le Pape était comme un exilé à la tête de la catholicité indifférente. L'absolutisme dogmatique avait disparu dans la tombe de Pie IX. Que restait-il de la puissance de saint Pierre ?..

» Aujourd'hui, le Pape est grand au fond du Vatican. Ses pensées et sa politique tiennent une place considérable dans les préoccupations des Etats européens. Croit-on que les négations hautaines de son prédécesseur eussent jamais, à ce point, relevé l'autorité du Siège pontifical.

» Léon XIII doit tout à la sagacité de son esprit, qui voit plus en politique habile qu'en confesseur inspiré de la foi. Il a démêlé la réalité des choses. Il a compris que l'Eglise, pour vouloir rester étrangère au mouvement de l'opinion, risquait de se perdre. La conciliation, qu'il conseille, et la franche acceptation de la République, sont d'un homme d'Etat prudent et avisé.

» Il y a des républicains qui s'alarment de cette attitude du Souverain Pontife. Ils préfèrent l'inimitié de l'Eglise et repoussent son amitié.

» Dirons-nous qu'un peu de l'habileté du Saint-Père devrait animer l'esprit de ces républicains? Un fait se produit sous nos yeux, qui était inévitable : c'est la dislocation des anciens partis et leur rapprochement de la République. Voulait-on que leur haine fut éternelle? Ce n'est point la chose humaine. La réconciliation de tous les Français dans l'institution Républicaine est aussi désirable qu'elle est fatale. La prudence est donc de l'accepter.

» Sans doute, ni le Pape, ni les catholiques, ni les Monarchistes désabusés, ne viendront, ou ne viennent à la République avec les idées du vieux parti républicain.

» Qu'avons-nous à faire?

» Nous avons à observer les gestes des nouveaux venus, nous avons à défendre nos idées. Nous avons à gouverner selon le mot et les conseils de M. Thiers, avec sagesse, avec honneur, avec fermeté. Il n'y aura peut-être pas un réactionnaire de moins; mais il n'y aura plus d'antirépublicains, à part un lot d'intransigeants impuissant et dérisoire. »

Eh bien! non! cent fois non! on ne ralliera jamais les intransigeants de droite, pas plus que les anarchistes de gauche. Les intransigeants de droite sont conduits par l'esprit jésuitique. Ils ne pardonneront jamais aux sentiments de libre examen et d'entière liberté de conscience qui sont l'essence même du parti libéral. Quant aux intransigeants de gauche, ils sont conduits, eux, par des appétits antisociaux et malsains. Si l'on croit que ce mouvement, dont je ne veux pas nier l'utilité, va faire désarmer les meneurs de l'ultramontanisme, on s'est singulièrement trompé. Peut-être ceux-ci feront-ils semblant d'accepter ce nouvel état de choses, mais cette adhésion apparente ne fera en rien cesser cette campagne sourde, qui a pour but de s'emparer du pouvoir par l'accaparement de l'éducation de la jeunesse française.

Revenons à l'incident Lavigerie-Freppel. Une personne qui a eu des attaches directes au Vatican, écrivait ces jours derniers :

« On annonce la publication prochaine d'une importante brochure sur la question Lavigerie-Freppel (1). L'auteur, un personnage qui tient de très près au Vatican, déclare, dit-on, dans son travail, qu'il ne fait qu'exprimer sa façon de voir. Et cela se comprend. Il est de tradition, au Vatican, d'apporter dans tous ses actes, non-seulement une sage lenteur, mais encore une très grande prudence, une extrême circonspection. Il faut tenir pour certain que

(1) L'Encyclique, qui a paru quelques semaines après, sujet sur lequel je reviendrai dans le chapitre suivant.

cette brochure ne sera pas désavouée par le Vatican; j'ajouterai même que l'auteur, qui est *personna gratissima* au palais apostolique, s'il n'a pas soumis son manuscrit à l'approbation d'en haut, sait parfaitement qu'il interprète la pensée de ceux qui ont une part active à la direction des affaires.

» En attendant de connaître la pensée du Vatican sur cette question, par la lecture de la brochure qui va paraître, j'ai voulu interroger un très haut personnage du palais apostolique, et je vous rapporte le résumé très fidèle de notre conversation. Le sujet est toujours d'actualité. J'éloigne les formules de politesse pour m'en tenir à la substance, en conservant l'ordre et l'accent des réponses que j'ai recueillies. « Le fond de la question — dit mon interlocuteur — est limpide, et nous ne pouvons qu'être surpris de voir qu'en France, à l'heure même où nous sommes, on n'a pas encore compris la lettre du cardinal Rampolla. Elle est cependant bien claire.

» — Bien claire, c'est selon; peut-être pas pour tout le monde.

» — Certainement, il ne faut pas s'attendre à ce qu'une dépêche diplomatique puisse se lire comme une page de Silvio Pellico; mais un lecteur intelligent et réfléchi, trouvera que le cardinal Rampolla, a nettement dégagé la pensée du Saint-Siège sur les rapports de l'Eglise avec les sociétés politiques. L'Eglise est établie pour rechercher le bien des âmes;

elle ne doit pas s'inféoder à une forme quelconque de gouvernement, pas plus monarchique que républicain. Elle doit rester dégagée de tout parti. Voilà ce qui ressort de la lettre du cardinal Rampolla. Rien de plus, rien de moins, mais c'est assez. Tout cela est vieux comme l'Evangile. Il paraît que, pour quelques-uns, c'est une invention moderne.

« — Qu'il me soit permis de vous faire remarquer que ce sont là des principes généraux, et en quelque sorte idéaux. On est souvent d'accord sur les principes généraux, la division commence à l'application. Comment entendez-vous que l'on puisse appliquer les principes que vous venez d'énoncer au cas particulier de la France ?

» — Ne voyez-vous pas aussi bien que moi qu'il existe en France un grave conflit entre l'Eglise et l'Etat? Il ne s'agit pas d'une simple dissidence sur des détails secondaires. On est arrivé à l'opposition des doctrines, et on vient trop souvent à la contradiction dans les faits. Le Saint-Siège estime que le développement de cette politique antireligieuse est funeste à la France autant qu'à l'Eglise. L'âme de la France est déformée par cette oblitération des traditions nationales. On voudrait que votre pays pût revenir à ses conditions normales. De là l'évolution recommandée par le cardinal Lavigerie.

» — Tout cela est bien, mais il ne faut pas oublier que la France est soumise à la forme républicaine.

N'y a-t-il pas illusion à vouloir rendre chrétienne la République française ?

» — On a pu dire que l'espérance d'une République conservatrice était une niaiserie. Que ne pouvait-on pas dire de l'espérance d'une République agenouillée devant les autels ?

» — Retenez bien ceci : jamais le Vatican n'admettra que la forme républicaine, pas plus que la forme monarchique, soit, en elle-même, chrétienne ou antichrétienne. Tertullien disait autrefois : « Il est impossible à un Empereur d'être chrétien. » L'événement a démenti la parole de l'africain. Il est devenu impossible aux Césars de n'être pas chrétiens. Tout dépend des hommes qui font bon ou mauvais un régime. Sont-ils bons ? le régime est bon ; mauvais ? le régime est mauvais. Donnez la direction de la République à des hommes animés de pensées conciliantes et respectueuses à l'égard de l'Eglise, et la République sera en paix avec la Religion.

» — Vous ne répugneriez donc pas à ce que le clergé et les fidèles de France fissent adhésion à la République ?

» — L'Evangile dit : « Rendez à César ce qui est à César. » En France, aujourd'hui, César, c'est la République. Il faut accepter les choses telles qu'elles sont. Vous êtes en République, il faut le reconnaître. D'ailleurs, vous savez bien qu'on n'exerce d'action sur une politique qu'en pesant sur le gouvernement qui la dirige. Pour peser sur un gouvernement, il faut se mettre sur sa plate-forme et non pas rester en dehors.

» — A mon sens, il faut renoncer à faire une opposition systémathique à la République pour deux raisons : parce qu'elle est le Gouvernement, et parce qu'il faut améliorer ce Gouvernement.

» — Le Vatican a-t-il quelque espérance que les catholiques réussiront dans l'entreprise d'envahir le Gouvernement de la République pour le transformer?

» — Je répondrai en toute sincérité : Personne ne peut croire que les choses, du jour au lendemain, vont changer de face. On ne forcera pas facilement l'entrée de la forteresse. Non, ce n'est pas du premier coup que pareilles entreprises réussissent. Il y faut mettre beaucoup de temps et beaucoup d'efforts. Il y a des mœurs politiques à former, des hommes à trouver, un cadre à remplir, sans parler de beaucoup d'autres choses encore. En supposant que l'on réussisse à organiser un parti sur les bases désirées, on n'aura pas, sans coup férir, la majorité dans le Parlement. Mais tout le monde sait qu'une minorité, mue par les mêmes sentiments et obéissant au même programme, peut, dans certains cas, si elle n'est pas dépourvue d'habileté, s'imposer à une majorité. Il est facile de comprendre que, les passions humaines aidant, il y ait des hommes politiques qui croient impossible la réalisation de tels projets, qui n'hésitent même pas à le dire hautement et en termes énergiques. Ils sont fidèles à leurs affections et à leurs antécédents. Le Saint-Siège examine les choses d'après un autre point de vue que le leur. Il considère avant tout le but élevé vers lequel doivent tendre les efforts de l'Eglise : le bien des âmes.

» — Ce n'est qu'en se mettant à ce point de vue que l'on comprendra pourquoi le Saint-Siège n'a pas désavoué et ne désavouera jamais le cardinal Lavigerie. On pourra discuter sur la forme de son toste. Quant au fond, il est absolument conforme à l'esprit de l'Eglise catholique. »

J'ai reproduit fidèlement les paroles d'un personnage qui, — je le répète — a une grande part à la direction des affaires au Vatican ; et je puis répéter aussi que je ne serai pas démenti.

Voilà bien maintenant mise à jour la nouvelle tactique de l'Eglise : « *On ne forcera pas facilement l'entrée de la forteresse ; ce n'est pas du premier coup que pareilles entreprises réussissent.* » Tout est là. Tout le nouveau plan de campagne entrepris par l'ultramontanisme est résumé dans ces quelques mots. Le Vatican sait bien que la main mise sur le pouvoir par le clergé est une affaire de longue haleine. Si ce n'est pas Léon XIII qui la termine, ce seront ses successeurs. L'essentiel c'est que le plan soit tracé. Le temps n'est rien. Le tout est de réussir. Vous ne voyez pas entre ces lignes, cette réflexion des Jésuites, pour arriver à leur but, pour avoir cette majorité tant désirée au Parlement, cette majorité qui serait docile au confessionnal : *Il faut renoncer à la lutte ouverte publique au grand jour.* C'est par un travail de taupes qu'il faut triompher, et ce travail de taupes, c'est par l'éducation de la jeunesse qu'on espère l'accomplir.

Un bon averti en vaut deux. Le Gouvernement n'a qu'à prendre ses mesures en conséquence, s'il ne veut pas qu'un jour la forteresse tombe aux mains de nos ennemis; car s'il n'y avait que la question religieuse derrière ce projet, on pourrait peut-être se laisser endormir, mais il y a l'avenir de la Patrie, la garde de nos libertés. Nous savons par l'exemple du passé, ce que l'Eglise ferait le jour où elle aurait le pouvoir entre ses mains.

Alors adieu la liberté de conscience, je dirai même adieu la liberté individuelle. Tout le monde se souvient du Seize-Mai. Nul n'a oublié ce M. de Fourtou, qui voulait « faire marcher la France », ce M. Ducros, qui traçait l'itinéraire des enterrements civils.

Il ne faut se faire aucune illusion. Ces doux agneaux qui, actuellement, font risette à la République, deviendraient des loups cerviers qui dévoreraient le troupeau et le berger avec.

Il faut être aveugle pour ne pas voir la nouvelle tactique qui va être employée. Aussi devons-nous veiller avec plus de vigilance que jamais, et arracher la jeunesse française des mains du clergé. *Là est l'avenir, là est le pouvoir*. Ou bien la France tombera au rang des dernières nations, ou elle continuera à grandir et à faire comme elle le fait aujourd'hui l'admiration de l'Europe, grâce au Gouvernement républicain.

Cependant, ce qu'il y a de curieux dans cette campagne, c'est que le parti clérical tout entier n'est pas d'accord sur la marche à suivre. Les uns vont à hue, les autres à diâ ! M. de Cassagnac rêve le bonapartisme, et, en bon catholique, invective M. Lavigerie et les autres prélats qui appliquent les idées du Vatican. M. Hervé, de son côté, proteste dans le *Soleil*, journal orléaniste : « Oh ! je comprends très bien que l'Eglise s'accommode de tous les régimes, qu'elle accepte tous les pouvoirs établis, qu'elle se borne tout au moins à leur demander la liberté, les égards et la protection dont la liberté a besoin. » Mais il ne comprend pas qu'elle abandonne la Monarchie.

Il faudrait cependant s'entendre entre réactionnaires, ce qui est bien difficile; entre bonapartistes même il y a brouille complète. Les partisans de Victor insultent ceux de Plon-Plon, les blancs d'Espagne font la nique aux d'Orléans : c'est un véritable chaos. Je suis bien certain que cet état de division des partis monarchiques a été la cause préexistante du mouvement que l'Eglise vient de faire.

De ce côté là il y a encore brouille. Les Jésuites

n'acceptent pas cette conversion. Comme ils ont une singulière façon d'écrire l'histoire, quand un document formel les gêne, ils y opposent une simple dénégation; après quoi ils triomphent bruyamment. Ce sont là des victoires faciles.

M. l'archevêque d'Alger prononce un discours où il fait adhésion à la République, où il déclare expressément qu'il parle avec l'assentiment du Saint-Siége. Le *Moniteur de Rome*, journal du Vatican, donne à ce discours une approbation sans réserve. Le cardinal Rampolla, dans une lettre, déclare que l'évolution du cardinal Lavigerie est ratifiée par le Saint-Siége. Tout cela est catégorique.

M. l'évêque Freppel part alors pour Rome; il veut faire une tentative suprême auprès de Léon XIII, pour le ramener à l'intransigeance. Toutes les informations de sources sérieuses s'accordent pour annoncer qu'il a complétement échoué. La question semble définitivement vidée.

Mais il faut compter avec les Jésuites, dont cette soit-disant conversion ne fait pas l'affaire. Aussitôt, dans le journal *le Gaulois*, ils entrent en lice. Ils donnent une version nouvelle et à coup sûr inattendue du voyage de l'évêque d'Angers. Ils nous racontent que M. Freppel a été l'ambassadeur de cinquante députés réactionnaires qui ont fait signifier au Vatican qu'ils ne sauraient accepter son intervention, « dans la direction à donner à la politique intérieure en France ». Et devant cette sommation, Léon XIII aurait donné l'assurance formelle qu'il n'avait jamais invité et n'avait jamais eu l'intention d'inviter les catholiques Français à se rallier à une forme quelconque de gouvernement. Le Pape même, d'après le dit journal, aurait ajouté : « *Le cardinal Lavigerie dit ce qu'il veut; il n'engage que lui, et à aucun degré le Saint-Siège.* »

Malheureusement pour Messieurs les Jésuites, à cette déclaration anonyme qui ne porte ni la signature de M. Freppel, ni celle d'aucun des cinquante députés de la droite dont on parle, nous avons encore un document authentique à opposer, et un document qui date d'hier; c'est une lettre écrite par Léon XIII à M. le cardinal Lavigerie.

Dans cette lettre qui a été publiée dans la *France Nouvelle*, le Pape remerciant l'archevêque de lui avoir envoyé un exposé détaillé de ses actes, lui dit : « *Que ceux-ci répondent parfaitement aux conditions des temps actuels à notre attente* » et à quelques lignes plus loin, Léon XIII parle de « *la paix heureuse qu'il désire pour l'Eglise, aussi bien que le cardinal Lavigerie.* »

Que vont inventer les Cléricaux, les Jésuites, pour détruire l'effet de cette lettre?

Nous avons enregistré l'appel à l'union et à la pacification que M. Lavigerie a adressé aux catholiques. M. Freppel, en homme dévoué aux Jésuites et à la monarchie, vient croiser sa crosse contre celle de son collègue. Nous allons assister à un tournoi épiscopal qui est le commencement de la campagne dont j'ai parlé, et qui ne manquera pas d'être très instructive, car elle démontrera une fois de plus que ce n'est pas la religion qui préoccupe le plus MM. les évêques, mais bien la question politique, car la religion n'a rien, absolument rien à voir dans cette querelle. J'ajoute qu'elle aurait beaucoup à gagner, si le clergé tout entier suivait les conseils de M. Lavigerie.

M. Freppel déteste les périphrases. Il dit les choses en termes clairs; en cela il est supérieur aux bons Pères. « *La République française est la forme la plus radicale de la Révolution. Votre adhésion, dit-il, à M. Lavigerie, ne s'adresse qu'à la République de l'avenir, et non à celle du présent, et votre République n'existera jamais, parce qu'elle a pour idée mère la laïcisation ou la sécularisation de toutes les lois et de toutes les institutions.* »

M. Freppel a raison. Je ne crois pas que jamais le clergé se rallie et suive les éloquentes exhortations du cardinal Lavigerie. Il est en France complètement entre les mains des Jésuites, et ceux-ci ne pactiseront jamais avec la Révolution. L'adhésion de M. Lavigerie fera répandre beaucoup d'encre, mais ne changera en rien la situation. Je vais plus loin dans cet ordre d'idée : c'est que j'ai la certitude absolue que cette conversion n'est qu'apparente, qu'elle est feinte, que ce n'est là qu'une diversion utile à la réussite du plan dont les Jésuites seuls connaissent, l'ensemble et les détails. A l'avenir de me donner tort.

CHAPITRE XXII

DU MOUVEMENT DE L'ÉGLISE APRÈS LA RÉVOLUTION

Alexis de Tocqueville écrivait dans son ouvrage de la Révolution et de l'ancien régime :

« Toutes les révolutions civiles et politiques ont une patrie et s'y sont renfermées. La Révolution Française n'a pas eu de territoire propre ; bien plus, son effet a été d'effacer en quelque sorte de la carte toutes les anciennes fonctions. On l'a vu rapprocher ou diviser les hommes en dépit des lois, des traditions, des caractères, de la langue, rendant parfois ennemis des compatriotes, et frères des étrangers ; ou plutôt elle a formé au-dessus de toutes les nationalités particulières une patrie intellectuelle commune, dont les hommes et les nations ont pu devenir citoyens.

» La Révolution Française est donc une Révolution politique, qui a opéré à la manière, et qui a pris en quelque chose l'aspect d'une Révolution religieuse. Voyez par quels traits particuliers et caractéristiques elle achève de ressembler à ces dernières : non-seulement elle se répand au loin comme elles, mais, comme elles, elle y pénètre par la prédication et la propagande. Une Révolution qui inspire le proselytisme, qu'on prêche aussi ardemment aux étrangers qu'on l'accomplit avec passion chez soi ; considérez quel nouveau spectacle, parmi toutes les choses inconnues que la Révolution Française a montrées au monde, celle-ci est assurément la plus nouvelle. Mais ne nous arrêtons pas là, tâchons de pénétrer un peu plus avant, et de découvrir si cette ressemblance dans les effets ne tiendrait pas à quelque ressemblance cachée dans les causes.

» Le caractère habituel des religions est de considérer l'homme en lui-même, sans s'arrêter à ce que les lois, les coutumes et les traditions d'un pays ont pu joindre de particulier à ce fond commun. Leur but principal est de régler les rapports généraux des hommes entre eux, indépendamment de la forme des sociétés. Les règles de conduite qu'elles indiquent se rapportent moins à l'homme d'un pays ou d'un temps qu'au fils, au père, au serviteur, au maître, au prochain. Prenant ainsi leur fondement dans la nature humaine elle-même, elles peuvent être reçues également par tous les hommes et applicables partout. De là vient que les révolutions religieuses ont eu souvent de si vastes théâtres et se sont rarement renfermées, comme les révolutions politiques, dans un territoire d'un seul peuple, ni même d'une seule race. Et si l'on veut envisager ce sujet encore de plus près, on trouvera que plus les religions ont eu ce caractère abstrait et général que je viens d'indiquer, plus elles se sont étendues, en dépit de la différence des lois, des climats et des hommes.

» Les religions païennes de l'antiquité, qui étaient toutes plus ou moins liées à la constitution politique ou à l'état social de chaque peuple, et conservaient jusque dans leurs dogmes une certaine physionomie nationale et souvent municipale, se sont renfermées d'ordinaire dans les limites d'un territoire dont on ne les vit guère sortir. Elles firent naître parfois l'intolérance et la persécution; mais le prosélytisme leur fut presque entièrement inconnu. Aussi n'y eut-il pas de grandes révolutions religieuses dans notre Occident avant l'arrivée du christianisme. Celui-ci passant aisément à travers toutes les barrières qui avaient arrêté les religions païennes, conquit en peu de temps, une grande partie du genre humain (1).

(1) La cause en était à celui qui l'avait fondée, et surtout, à ces belles doctrines d'émancipation sociale et de fraternité. Tout reposait sur ces sublimes paroles: « Tous les hommes sont frères. Il n'y a plus d'esclaves. Ne fais pas à autrui ce que tu ne voudrais pas qui te fut fait à toi-même. »

Je crois ne pas manquer de respect à cette sainte religion du Christ, en disant qu'elle dut, en partie, son triomphe à ce qu'elle s'était, plus qu'aucune autre dégagée de tout ce qui pouvait être spécial à un peuple, à une forme de gouvernement, à un état social, à une époque, à une race (1).

» La Révolutution Française a opéré, par rapport à ce monde, précisément de la même manière que les révolutions religieuses agissent en vue de l'autre. Elle a considéré le citoyen d'une façon abstraite, en dehors de toutes les sociétés particulières, de même que les religions considèrent l'homme en général, indépendamment du pays et du temps. Elle n'a pas recherché seulement quel était le droit particulier du citoyen Français, mais quels étaient les devoirs et les droits généraux des hommes en matière politique (2).

» C'est en remontant toujours ainsi à ce qu'il y avait de moins particulier, et, pour ainsi dire, de plus

(1) C'est à ces grands et généreux principes de son fondateur qu'elle obtint, dès les premiers siècles, son légitime succès, et de même sa décadence, quand, quittant la voie tracée par son fondateur, elle devint temporelle. Ayant commis cette immense faute, elle devait naturellement en subir les conséquences. En se mêlant de politique, en sacrifiant les dogmes de l'Evangile aux jouissances terrestres, elle devait fatalement aussi rester atteinte dans ce qu'elle avait de plus majestueux et de plus grand, dans son essence même. Aussi — je le dis sans haine et sans passion — c'est du jour où elle voulut partager le pouvoir avec la

naturel en fait d'état social et de gouvernement, qu'elle a pu se rendre compréhensible pour tous, et imitable en cent endroits à la fois. Comme elle avait l'air de tendre à la régénération du genre humain plus encore qu'à la réforme de la France, elle a allumé une passion que, jusque-là, les révolutions politiques les plus violentes n'avaient jamais pu produire. Elle a inspiré le prosélytisme et fait naître la propagande. Par là, enfin, elle a pu prendre cet air de Révolution religieuse qui a tant épouvanté les contemporains, ou plutôt elle est devenue elle-même une sorte de religion nouvelle, religion imparfaite, il est vrai, sans Dieu, sans culte et sans autre vie, mais qui, néanmoins, comme l'islanisme, a innondé la terre de ses soldats, de ses apôtres et de ses martyrs.

» La Révolution n'a point été faite, comme les ultramontains cherchent à le faire croire, pour détruire l'empire des croyances religieuses ; elle a été essen-

---

société civile que date sa décadence, malgré son semblant de splendeur.

(2) Voilà pourquoi, dès les premières campagnes de la République, nos armées rencontrèrent chez les autres peuples, plutôt des frères que des ennemis. C'est qu'elles portaient inscrit sur leurs drapeaux cette noble devise qui est le symbole de la Révolution Française : « Liberté, Egalité, Fraternité ». C'est qu'elles apportaient chez les autres nations les idées de liberté et d'indépendance qui étaient le caractère de ce grand mouvement appelé à transformer le vieux monde.

tiellement, malgré les apparences, une Révolution sociale et politique ; et, dans le cercle des institutions de cette espèce, elle n'a point tendu à perpétuer le désordre, à le rendre en quelque sorte stable, à méthodiser l'anarchie — comme disait un de ses principaux adversaires — mais plutôt à accroître la puissance et les droits de l'autorité publique.

Elle ne devait pas changer le caractère que notre civilisation avait eu jusque là — comme d'autres l'on pensé — en arrêter le progrès, ni même altérer dans leur essence, aucune des lois fondamentales sur les quelles reposent les sociétés humaines dans notre Occident.

» Quand on la sépare de tous les accidents qui ont momentanément changé sa physionomie à différentes époques et dans divers pays, pour ne la considérer qu'en elle-même, on voit clairement que cette Révolution n'a eu pour effet que d'abolir ces institutions politiques qui, pendant plusieurs siècles, avaient régné sans partage chez la plupart des peuples européens, et que l'on désigne d'ordinaire sous le nom d'institutions féodales, pour y substituer un ordre social politique plus conforme au droit commun et plus simple, qui avait l'égalité des conditions pour base.

» Cela suffisait pour faire une Révolution immense, car indépendamment de ce que les institutions antiques étaient encore mêlées et comme entrelacées à presque toutes les lois religieuses et politiques de l'Europe, elles avaient le plus suggéré une foule d'idées, de sentiments, d'habitudes, de mœurs, qui leur étaient comme adhérentes. Il fallut une affreuse convulsion pour détruire et extraire tout à coup du corps social une partie qui tenait ainsi à tous ses organes. Ceci fit paraître la Révolution encore plus grande qu'elle n'était; elle semblait tout détruire, car ce qu'elle détruisait touchait à tout, et faisait en quelque sorte corps avec tout.

» Quelque radicale qu'ait été la Révolution, elle a cependant beaucoup moins innové qu'on ne le suppose généralement. Ce qu'il est vrai de dire d'elle, c'est qu'elle a entièrement détruit — ou est en train de détruire, *car elle dure encore* — tout ce qui, dans l'ancienne société, découlait des institutions aristocratiques et féodales, tout ce qui s'y rattachait, à quelque degré que ce fut. Elle n'a conservé de l'ancien monde que ce qui avait toujours été étranger à ces institutions ou pouvait exister sans elle. Ce que la Révolution a été moins que toute autre chose, c'est un événement fortuit. Elle a pris, il est vrai, le monde à l'improviste et elle n'était que le complément du plus long travail, la terminaison soudaine et violente d'une œuvre à laquelle dix générations d'hommes avaient travaillé. Si elle n'avait pas eu lieu, le vieil édifice social n'en serait pas moins tombé partout — ici plus tôt, là plus tard — seulement il aurait continué à tomber pièce à pièce, au lieu de s'effondrer tout à coup. La Révolution a achevé soudainement par un effort convulsif et douloureux, sans transition, sans précaution, sans égards, ce qui se serait achevé peu à peu de soi-même à la longue.

» Telle fut son œuvre. »

Tout cela est la vérité, mais ce n'est pas toute la vérité. Je ne comprends pas que ce grand penseur, ce philosophe si clairvoyant et si patriote, Alexis de Tocqueville, n'est pas entrevu la campagne que menait l'ultramontanisme pour entraver la marche de la Révolution dans la voie du libéralisme. Je ne m'explique pas qu'il ne se soit pas rendu compte de l'immensité de l'effort que cet ennemi de la Révolution a fait pour s'emparer de l'éducation de la jeunesse française, but vers lequel il n'a cessé de tendre, dès qu'après la tempête, il a pu reprendre sa route. Il n'est pas admissible que ce grand esprit ne se soit pas aperçu de ce travail qui, depuis, a si vivement frappé les regards des chefs du parti libéral. Il est regrettable qu'un écrivain de cette valeur n'ait pas poussé un cri d'alarme; sûrement il aurait mieux été écouté, que le modeste républicain qui écrit ces lignes.

CHAPITRE XXIII

L'ALLIANCE ENTRE LA RÉVOLUTION ET LE CATHOLICISME EST-ELLE POSSIBLE ?

Telle est la question que posait et prétendait résoudre tout dernièrement un prêtre gallican, dans un long factum qui a été lu au Vatican et en France, par le haut clergé. Je ne doute pas que les idées émises par ce prêtre de valeur, n'aient pesé sur la décision du Saint-Siège et de M. Lavigerie, autant que le discrédit du principe monarchique sur les résolutions de toutes les classes de la société.

Voici un extrait de ce long rapport :

« La Révolution est ce nouvel ordre de choses qui a pris naissance en 1789. Cet ordre de choses réclame l'égalité des citoyens devant la loi, l'abolition des privilèges, la liberté de conscience, celle de parler, d'écrire, de se réunir et l'indépendance absolue du pouvoir civil.

» Le catholicisme, c'est la religion de celui qui a dit ou inspiré ces paroles : *Tous les hommes sont frères — je ne vous appellerai plus des esclaves, mais bien mes amis. — Il n'y a plus ni Grecs ni barbares, il n'y a que des âmes toutes rachetées par le même sang. — Secouez la poussière de vos sandales, pour ne rien emporter de cette ville, et allez dans une autre. — Ne vous imposez pas par la violence. Celui qui se servira de l'épée périra par l'épée. — Obéissez à vos maîtres, à vos chefs, aux puissances établies. — Rendez à César ce qui est à César. — Soyez charitables, vendez ce que vous avez, donnez-le aux pauvres, etc.*

» Les principes du catholicisme ne sont nullement antipathiques aux principes de 1789, et l'alliance entre ce que l'on appelle l'idée révolutionnaire et l'idée chrétienne est faite depuis longtemps. Ce qui rompt cette alliance, c'est que la Révolution, comme le Catholicisme, depuis longtemps, confisqués par deux partis adverses, qui veulent expliquer, chacun à sa manière, ce qu'ils entendent, l'un par les principes de la Révolution, l'autre par les principes du Christ. Ce sont ces divergences qui entretiennent la division.

» Dans son essence, la Révolution n'est pas satanique comme l'a affirmé Joseph de Maistre ; elle est la réalisation sociale et politique de l'idée évangélique.

» Dans son enseignement, l'Eglise n'est pas l'ennemie de la justice et de la démocratie, comme l'a soutenu Proudhon. Elle est une belle école de justice, et c'est elle qui nous a enseigné, par la pratique, l'égalité humaine d'où découle la démocratie. Ceux qui ont brouillé ces deux forces, n'y ont réussi qu'en demandant le mot de la Révolution, ou la loi de l'Eglise à des exagérations individuelles (1) ou à des accidents criminels. Je ne saurai préciser à qui incombe la plus lourde part de responsabilité dans ce lamentable malentendu (2), les défenseurs de la Révolution ont parfois été superficiels; ils ont tranché avec la désinvolture et la précipitation du parti pris des problèmes délicats mêlés à la tradition, aux intérêts les plus graves, et dont la solution équitable eut exigé une longue étude, beaucoup de mesure et d'envergure d'esprit.

» Certains meneurs du parti catholique n'ont pas été moins répréhensibles. Souvent ils ont poussé les doctrines théologiques jusqu'aux conséquences les plus extravagantes, comme s'ils prenaient plaisir à effaroucher la raison humaine, et à la jeter hors d'elle-même. » (Attrapez ça, messieurs les Jésuites).

Un jour, un Monseigneur, croyant être agréable à Pie IX, se déchaînait devant lui contre les idées de 89 : « *Il y a du bon,* riposta le Pape — *l'égalité*

---

(1) Demandez au Père Bonhours, à Escobard, à Ravignan, à tous les Pères Jésuites, si leurs exagérations individuelles, ne sont pas articles de foi, dans l'Eglise actuelle, complètement jésuitisée. Du Pape, la plupart des évêques se moquent comme d'une guigne.

(2) A ceux qui ont fait servir le pouvoir ecclésiastique contre les principes évangéliques, contre les maximes du Christ, pour plaire aux monarchies déchues.

devant la loi, par exemple. » Mais pour les catholiques à outrance, tout est mauvais dans ce mouvement auquel la France reste passionnément attachée.

Ce même prêtre a dit, en parlant de Gambetta, après son discours de Tours : « M. Gambetta ignore moins que personne les attaches du clergé avec les droites. Il sait que c'est de préférence sur les anciens partis que le clergé s'appuie ; que c'est à eux qu'il demande : force, énergie, courage ; que c'est eux dont il épouse les querelles, eux qu'il consulte, eux enfin auxquels, en échange de leurs largesses, il promet le retour de la monarchie. Mais qu'est-ce aujourd'hui que les droites ?...

Ce prêtre écrivait ces lignes en 1877. Que dirait-il aujourd'hui sur la situation politique des droites ? Qu'est-ce que ces droites divisées d'une façon si éclatante : les unes suivant les Jésuites avec MM. de Cassagnac, Freppel, Chesnelong et Cie ; les autres, *moins nombreuses* dans le haut clergé, faisant escorte à M. le cardinal Lavigerie !

Le Pape, en homme politique avisé, cherche à rallier le troupeau. Y réussira-t-il ? J'en doute. La Curie romaine ne doit pas se rendre un compte exact de la situation politique du clergé français (1) ; ce clergé a

(1) J'écrivais ces lignes en 1891, au mois de juillet, et les événements qui se sont produits depuis m'ont donné raison, — événements dont je parlerai en terminant cet ouvrage.

eu tellement l'habitude d'obéir, il est si complètement inféodé à l'esprit Jésuitique, que je le crois capable de résister aux injonctions de Léon XIII, tout infaillible qu'il soit, et bien qu'il le considère encore comme le chef de l'Eglise de Rome.

Bref, tout cela prouve une fois de plus, d'abord, que le clergé français se moque de la religion et de ses dogmes; ensuite, qu'il fait depuis longtemps le contraire de ce que lui avait enseigné son fondateur; enfin, qu'il ne peut résister à la tentation mauvaise de faire de la politique contraire au mouvement libéral dont est si fortement éprise la nation.

Avant de terminer sur ce sujet, que l'on me permette de citer quelques fragments du discours de Gambetta, auquel il a été fait allusion plus haut :

« Est-ce que vous ne voyez pas les anciens partis s'égrener ? Est-ce que vous ne voyez pas le chemin jonché des vieilles ruines monarchiques ? Ceux qui comptaient encore par l'éclat du talent, par le prestige de leur carrière passée laisssent à des débutants sans vergogne et sans force, le soin de promener encore les haillons et les loques des drapeaux vaincus. »

Oui, le grand tribun l'a dit avec raison, le clergé catholique hérite des dédains dont le pays, par la bouche de Gambetta, charge les droites. Il paye aujourd'hui ses complaisances et ses flatteries de 1816 et de 1852.

Gambetta, dans ce beau morceau d'éloquence, a su

trouver des paroles d'ironie pour les partis politiques. Il a parlé de haillons et de loques, de drapeaux vaincus; mais du clergé il n'a pas dit un mot. Est-ce que ce silence glacial n'est pas plus humiliant que le plus virulent outrage ?

« Les droites, semble-t-il s'écrier, ont vécu, leurs chefs rentrent d'eux-mêmes dans l'oubli. Plusieurs désertent le champ de bataille. Les autres sont sans troupes. A quoi bon s'occuper du clergé ? Il n'a plus ni chefs, ni troupes, ni défenseurs. Que la terre lui soit légère ! *Requiescat in pace !* »

Et ce qui m'impressionna le plus alors, c'est que la presse pieuse, au lieu de recueillir le cruel enseignement que portait avec soi le discours de Tours, eut la maladresse de s'en gaudir. J'entends encore ses coryphées se glorifier de l'honneur que M. Gambetta fait à l'Eglise en l'oubliant.

« Que ces aveugles applaudissent — disait devant nous un prêtre très occupé de politique, ils n'empêcheront pas que nous voici seuls, sans alliés. »

« *Non, Messieurs, vous n'êtes pas sans alliés. Vous avez les Jésuites, qui sans que vous vous en doutiez, sont vos pires ennemis, ce sont eux qui sont cause de l'animadversion, de la haine, du mépris, que la plupart des libéraux ont pour le clergé, qu'ils confondent, non sans quelque raison, avec la Compagnie de Jésus.* »

Et ce prêtre ajoutait :

« Presque sans amis, au milieu d'indifférents qui ne font pas plus attention à nous que si nous n'existions plus, qu'allons-nous devenir? Pouvait-on nous dire plus en face que ne l'a fait Gambetta par son silence : puisque la République s'est fondée sans nous et malgré nous, elle n'a que faire aujourd'hui de nos bénédictions et de nos encouragements.

» Son représentant le plus autorisé a fait appel à toutes les forces vives de la nation. Un nom seul n'a pas été prononcé, et ce nom c'est celui du clergé.

» *Gambetta mieux que personne savait bien que son appel eut été sans écho.*

» L'expérience va-t-elle enfin nous instruire? »

Combien ce prêtre pensait, voyait et disait juste !

Le clergé va-t-il enfin comprendre que sans changer un iota au dogme, à la morale, au culte catholique, il doit modifier son allure, c'est-à-dire accepter cette situation nouvelle, qui provoque un certain progrès dans la marche des idées, et qui lui indique clairement qu'il doit puiser ailleurs que dans son rôle mystérieux le secret de sa puissance?... Ce qui lui restait de ses droits s'est engouffré dans l'abîme où l'Empire a sombré. Si le prêtre veut reconquérir son influence, il ne doit plus compter que sur ses qualités personnelles. LE RÈGNE DES CLERGÉS D'ETAT EST FINI.

L'Eglise ne peut plus compter en Franoe sur les gouvernements pour étendre sa puissance. Elle n'est plus un rouage gouvernemental. Sa séparation de l'Etat est à peu près consommée.

On croyait que Gambetta s'étudierait à jouer les Bonapartes; on l'accusait de vouloir créer pour l'exécution de ses plans un clergé docile et dévoué. Le discours de Tours enlève aux uns cette illusion, aux autres ce semblant de grief.

M. Gambetta était le pôle positif de l'Etat laïque, et, par conséquent, il n'avait à demander au clergé ni son concours, ni ses conseils. Le clergé n'a pas voulu le comprendre. Il s'est obstiné à ne voir dans l'article 7, dans les décrets du 29 mars, qu'une vengeance des partis autrefois écrasés, aujourd'hui triomphants. C'est une erreur. Ces mesures ont été les signes avant-coureurs, non d'une Révolution religieuse, mais d'une Révolution cléricale. C'est le régime du droit commun qui a pris pied sur le terrain social. On n'arrivera pas sans doute du premier coup à supprimer tous les privilèges. Il y aura encore de part et d'autre des excès de langage, qui entraîneront des répressions violentes; mais, dans un avenir plus rapproché qu'on ne le croit, la religion ne sera plus qu'une institution libre, que l'Etat surveillera sans la favoriser ni la combattre, le prêtre étant devenu un citoyen comme les autres.

Lorsque la Révolution et l'Eglise se seront longtemps mesurées, assaillies, frappées, il arrivera fatalement qu'un jour ou l'autre elles demeureront convaincues de leur mutuelle impuissance à se détruire. Ce jour là, elles finiront par où elles auraient du commencer, elles signeront un traité de paix.

Est-il téméraire d'affirmer que c'est peut-être sur le désintéressement de ses prêtres que compte le Pape pour rendre chrétienne cette société qui ne l'est plus? Qui ne sent que plus le prêtre s'isolera des tumultes de la politique, des combinaisons financières, des passions terrestres, plus son prestige grandira.

Voici ce que disait dans cet ordre d'idées un autre prêtre très clairvoyant :

« En nous voyant si âpres au gain, si exigeants d'honneurs et de prérogatives, le peuple se prend à sourire quand il nous entend prêcher la pauvreté, l'humilité, la charité. Ce bien-être qu'il nous fait, ce morceau de pain qu'il est obligé de nous donner, ne lui paraissent pas suffisamment gagnés. Cette prospérité apparente dont nous jouissons l'irrite, et, brutalement, il dit ce qu'il en pense. Ce que nous appellons « amour de l'Eglise » il l'appelle « amour de l'argent, des honneurs, du confortable. » Encore une fois il a tort, parce qu'il exagère ? Mais a-t-il complètement tort ?

» Aussi bien, est-il temps que les catholiques songent à se créer des relations nouvelles avec le Gouvernement français. Celui-ci parle assez haut, pour qu'on sache ce qu'll veut. Formulons, nous aussi, nos espérances; nous avons grand tort de nous tenir à l'écart. Sans doute l'Eglise n'est pas plus sympathique à la République que celle-ci ne l'est à l'Eglise, mais l'une et l'autre sont des gouvernements, et, par conséquent, l'une et l'autre veulent la paix, la conciliation.

» Tant que la presse dite religieuse élèvera seule la voix au sein de l'Eglise, l'entente sera difficile. Ces laïques, malgré leurs bonnes intentions, ne feront jamais que de mauvaise besogne (*ceci à l'adresse de MM. de Cassagnac, de Mun, Chesnelong et Cie. Quelle leçon pour le clergé, c'est un des siens qui tient ce langage.*) — C'est aux évêques et aux prêtres de parler. Eux seuls ont reçu la mission de régler les intérêts de l'Eglise avec les pouvoirs publics. Eux seuls sont capables de mener à bonne fin une négociation délicate qui exige autant de science que de charité, et, par-dessus tout, un sincère amour des âmes. »

Ce prêtre, qui a si lumineusement dépeint la situation actuelle, entre l'Eglise et la République, a été obligé de cacher son nom, par crainte des représailles des Jésuites.

Je sais fort bien que les lignes que je viens de citer ont été lues par le cardinal Lavigerie, et par la Curie romaine, car on y retrouve absolument la pensée qui a animé Léon XIII et le Cardinal : les conseils sont les mêmes, et je suis à me demander si ce langage honnête et digne n'a pas provoqué pour une large part la décision du Saint-Siège. Je suis bien persuadé que le retard apporté à cette déclaration a été l'influence de la célèbre compagnie sur le Vatican et surtout sur le clergé français.

Va-t-on désarmer, ou continuer la lutte ? L'avenir nous le dira. Quant à moi, je n'ai nulle confiance en cette conversion, en cette espèce de trêve, en ce rêve irréalisable de l'alliance du clergé avec la République. De très honnêtes prélats ont pu croire la chose possible, mais la majorité, — la grande majorité — du clergé Français sera toujours hostile à tout rapprochement avec le Gouvernement laïque. On se heurtera toujours à cet antagonisme qui existe entre ceux qui sont partisans du progrès, du libre examen et les élèves des Jésuites.

Mais ce qu'll y a de bien certain, c'est que les relations autrefois si tendues, entre le Gouvernement de la République et la Papauté, vont s'améliorer, grâce à Léon XIII et au cardinal Lavigerie, tandis que la lutte entre les ultramontains et les gallicans va devenir plus vive.

Il est fort curieux de lire leurs journaux. A part Cassagnac, qui ne mâche pas ce qu'il dit, les autres cherchent sourdement à se nuire les uns aux autres, ils se déchirent à belles griffes, en se faisant des caresses, ce qui prouve une fois de plus leur genre d'éducation.

Sur ce sujet, je vais citer quelques fragments du discours de M. Constans, le dimanche 25 septembre 1891, à Lannemezan (Hautes-Pyrénées).

« Il est bien d'autres réformes encore, à propos desquelles j'ai été violemment attaqué. On m'a représenté comme le persécuteur de la religion. On a parlé de la guerre et de la fermeture des Eglises, eh bien ! je hais la guerre. Il n'appartient qu'au peuple de la déclarer, et j'espère que le peuple sera toujours assez sage pour se garder des aventures qui ont coûté si cher à notre patrie.

» Quant aux églises, il serait insensé de demander leur fermeture. Il n'a jamais été question d'enlever aux cultes les édifices religieux. Tout ce que nous voulons — mais nous le voulons sérieusement — c'est que le prêtre reste dans son église, et qu'il laisse à la société laïque le droit de se diriger et de se gouverner elle-même. Personne n'est au-dessus des lois, et à ceux qui l'oublieraient, nous saurions le rappeler toutes les fois qu'il sera nécessaire.

» On m'a reproché les décrets du 29 mars. Ces décrets n'étaient qu'un rappel au droit commun. J'ai dû réprimer l'invasion de certaines associations religieuses qui violaient ouvertement la loi et se mettaient en hostilité avec l'Etat, en refusant de demander une autorisation qui pouvait seule leur conférer l'existence légale. Je leur ai imposé le respect de la loi ; je n'ai pas fait autre chose.

» J'ai agi dans la pleine liberté de ma conscience et de ma volonté ; j'ai l'assurance d'avoir rempli dignement et fermement mon devoir ».

M Constans avait sagement agi, mais hélas ! à quoi a servi l'exécution des décrets ? Les Jésuites dirigent encore les mêmes écoles ; ils ont les mêmes professeurs, et les mêmes élèves ; la répression n'a pas été assez sévère, il faut d'autres armes que celles-là pour réussir. Comme l'éducation que donne la Congrégation est nuisible à la société, la société n'a qu'à se défendre, c'est-à-dire à refuser leurs élèves sans autre forme de procès. Les Pères ne pourront se plaindre, attendu qu'ils instruisent les enfants — nos fils — en leur inculquant la haine de ce Gouvernement, auquel ils osent demander ensuite des places et des faveurs, places et faveurs — *horresco referens* — qui leur sont rarement refusées. C'est que ces solliciteurs, élevés sur les genoux de l'Eglise, savent si bien faire les calins, les tartufes ; ils ont un tel talent de se faufiler comme des serpents dans des postes, où ils ne se gênent pas pour trahir le Gouvernement qui leur donne la pâtée.

Vous pensez peut-être qu'ils ont conscience en agissant ainsi de faire une mauvaise action ; non, ce serait une erreur profonde que de le croire. En trahissant la République qui les paye, ils font une bonne œuvre ; ils sont agréables à Dieu et principalement aux Bons Pères. Voilà pourquoi le Gouvernement devrait rejeter impitoyablement tout ce qui sort de ces officines.

Dans ce même ordre d'idées, M. Jules Ferry s'exprimait ainsi, le 21 décembre 1889, à Epinal, en parlant du clergé, et de son attitude en face du Gouvernement :

« Il y a deux jours, un des hommes les plus éminents du parti conservateur, M. Buffet, disait : *Passez-nous les lois scolaires, nous vous passerons la République* (1). C'est trop cher, Monsieur, et nous ne ferons pas ce marché. Que serait la République, si elle n'était pas la grande éducatrice de la démocratie?

» L'Ecole nationale doit rester laïque, neutre et gratuite, parce qu'elle est l'école nationale. C'est là vraiment notre pilier d'airain, et c'est parce que l'école est à la nation, que sa haute direction, et le pouvoir de déterminer l'esprit qui doit l'animer, appartient à l'Etat et non à la commune.

» Nous ne pouvons transiger là-dessus. C'est le mandat qu'aujourd'hui les républicains doivent donner à leurs élus. On a essayé de tout contre les lois scolaires. On les a attaquées d'abord directement. On cherche maintenant à les reprendre en détail et comme en sous-œuvre; mais, tant que le parti clérical n'aura

(1) Toute la campagne du parti clérical, c'est-à-dire l'u tramontanisme, est tout entier dans ces quelques mot c'est le cri de guerre des adversaires de la liberté.

pas reconquis cette loi de 1850 (1), qui était sa forteresse et que nous avons démantelée, sachez-le bien, Messieurs, ce parti sera, selon l'expression de M. Renan, « *incontenable.* »

» Pour servir dans la nouvelle campagne qui commence, on voit des hommes, longtemps écartés de la République, annoncer qu'ils y vont entrer. Des évêques, des plus illustres, s'apercevant que la monarchie n'est plus qu'un cadavre qu'ils traînent à leur suite, s'en débarrassent résolument. Qu'ils entrent dans la République, nous n'avons pas le droit de la leur fermer. La République est le bien de tous, et ses portes sont ouvertes à tout le monde ; mais nous serions des dupes si nous ne nous apercevions pas que, s'ils viennent sur le terrain républicain, c'est pour tâcher d'y reprendre ce qu'ils considèrent comme leur bien. C'est à nous, Messieurs, de le défendre, et quant à ceux qui nous disent : « *Nous accepterons la République quand vous aurez abrogé les lois scolaires,* » nous répondons : Voilà vingt ans que la République se fait sans vous et contre vous, elle peut vivre et grandir sans vous.

(1) Je veux parler de la loi Falloux, loi funeste à tous les points de vue, car elle était l'œuvre des Jésuites, dont Napoléon III était le très humble serviteur ; loi néfaste s'il en fut, car elle a livré aux Bons-Pères l'éducation de la jeunesse française, c'est par elle qu'a été transformée cette bourgeoisie qui, de voltairienne qu'elle était en 1830, est devenue cléricale et ultramontaine.

» Et j'ajoute : l'instruction de nos enfants entre vos mains ? Jamais. Vous nous avez appris ce que vous en feriez : des plats valets de la réaction et des Jésuites, des courtisans de la monarchie, des ennemis de la liberté. »

Je veux relever un mot du discours de M. Constans. Il dit au début « *que la forteresse créée par la loi Falloux était démantelée par l'exécution des décrets du 29 mars.* » Hélas ! non, elle n'est pas démantelée. Les Jésuites sont sortis par la porte, c'est vrai, mais ils sont rentrés par la fenêtre. Le Gouvernement ne l'ignore pas, mais il craint la meute cléricale, et évite de prendre les mesures énergiques que comporte la situation. Pourquoi ne pas aller droit au but et suivre les conseils de Gambetta quand il jetait ce cri d'alarme : « LE CLÉRICALISME, C'EST L'ENNEMI. »

Les ultramontains essayent de nous donner le change. Ils cherchent à dénaturer ces mémorables paroles du grand et si clairvoyant patriote ; ils chantent sur tous les tons que la République — où le parti libéral, qui est tout un — en veut au clergé, et nourrit une profonde haine contre la religion. Rien n'est plus faux. C'est une façon jésuitique de détourner le sens et la pensée de l'éloquent Tribun.

Non, cent fois non, le parti libéral n'en veut ni à la religion ni à ses ministres. Les maximes de Jésus-Christ ? l'Evangile ? mais c'est le symbole des véritables républicains, et nous avons le droit de dire à l'Eglise actuelle : Qu'avez-vous fait des leçons et des exemples de votre maître ? Quel rapport a votre Eglise avec celle du Christ? Où sont les vertus des premiers chrétiens, de ceux qui, avec la croix de bois, le bâton du pèlerin, l'anneau de fer des premiers évêques, ont conquis le monde? Hélas! de tout ce passé il ne reste rien, absolument rien; si, pourtant, il en reste quelque chose, et ce quelque chose, c'est le cléricalisme ou l'ultramontanisme, à votre gré, qui veut se servir de son pouvoir spirituel pour s'emparer du pouvoir temporel. Voilà le but de ces réactionnaires incorrigibles, ils n'en ont pas d'autre.

Toute la campagne cléricale est bien dépeinte dans les lignes suivantes prises dans la célèbre pétition que Paul-Louis Courrier adressait aux Chambres, sous le Gouvernement de Louis XVIII, alors que les Jésuites qui venaient de rentrer en France dans les fourgons de l'étranger, s'apprêtaient à devenir ce qu'ils ont été sous le Gouvernement de Napoléon III, c'est-à-dire les maîtres du royaume :

« Le curé d'Azai, disait Paul-Louis Courrier — est un jeune homme, bouillant de zèle, à peine sorti du séminaire, conscrit de l'Eglise militante, impatient de se distinguer. Dès son installation, il attaqua la danse; il semble avoir promis à Dieu de l'abolir dans sa paroisse, usant pour cela de plusieurs moyens, dont le principal et le seul efficace jusqu'à présent, est l'autorité du préfet. Par le préfet, il réussit à nous empêcher de danser, et, bientôt, il nous fera défendre de chanter et de rire. Bientôt ! que dis-je? il y a eu déjà de nos jeunes gens mandés, menacés, réprimandés pour des chansons, pour avoir ri. Ce n'est pas, comme on sait, d'aujourd'hui que les ministres de l'Eglise ont eu la pensée de *s'aider du bras séculier*, dans la conversion des pécheurs, où les apôtres n'employaient que l'exemple et la parole, selon le précepte du maître, car Jésus avait dit : « Allez et intruisez. » Mais il n'avait pas dit : « Allez avec les gendarmes, instruisez de part le préfet, et, depuis l'ange de l'école de saint Thomas, déclare nettement qu'on ne doit pas contraindre à bien faire. On ne nous contraint pas, il est vrai, on nous empêche de danser. Mais c'est un acheminement, car les moyens qui sont bons pour nous détourner du péché peuvent bien servir et serviront à nous décider aux bonnes œuvres ; nous jeûneront par ordonnance, non du médecin, mais du préfet.

» Et ce que je viens dire n'a pas lieu chez nous seulement. Il en est de même ailleurs, dans les autres communes de ce département, où les curés sont jeunes. A quelques lieues d'ici, par exemple à Fondettes, de là les deux rivières de la Loire et du Cher, pays riche, heureux, où l'on aime le travail et la joie autant pour le moins que de ce côté, toute danse est pareillement défendue aux administrés par un arrêté du préfet. Je dis toute danse sur la place, où les fêtes amenaient un concours de plusieurs milliers de personnes des villages environnants et de Tours, qui n'est qu'à deux lieues. Les hameaux près Paris, les bastides de Marseille, au dire des voyageurs, avec plus d'affluence, surtout en gens de ville, avaient moins d'agrément, de rustique gaîté. N'en soyez pas jaloux, bals champêtres de Sceaux, ou du pré Saint-Gervais, ces fêtes ont cessé, car le curé de Fondette est aussi un jeune homme sortant du séminaire, comme celui d'Azai, du séminaire de Tours, maison dont les élèves, une fois en besoigne dans la vigne du Seigneur, en veulent extirper d'abord tout plaisir, tout divertissement, et faire d'un riant village un sombre couvent de la Trappe. »

Et plus loin :

« Le curé d'Azai, jeune homme qui empêche de danser et de travailler le dimanche, est bien avec l'autorité, mais mal avec ses paroissiens. Il perd deux cents francs de la commune, que le conseil assemblé lui retire, cette année — résolution hardie, presque révolutionnaire et séditieuse. — Ceux qui l'ont proposée, soutenue et votée, pourront ne s'en pas bien trouver.

» A Veretz, au contraire, on donne un supplément au curé qui laisse danser. Brouillé avec l'autorité, il est bien avec ses paroissiens. Les deux communes pensent de même. *Rien ne fait tant de tort aux prêtres que l'appui du Gouvernement;* rien ne recommande comme la haine du Gouvernement. »

Paul-Louis Courrier, comme auparavant Clément XIV, paya de sa vie son audace d'avoir osé attaquer les Jésuites. Je sais bien que pour l'un et pour l'autre cas, ils ont trouvé le moyen d'essayer de se disculper, mais l'histoire est là pour leur donner un démenti formel.

Je cite Clément XIV et Paul-Louis Courrier, mais hélas! qu'ils sont nombreux ceux qui, isolément, sont tombés sous les coups de ces terribles adversaires.

L'histoire impartiale est là pour raconter tous les crimes de l'Inquisition, ses bûchers et ses tortures, pour rappeler que tout ce mal a été fait, que toutes ces atrocités ont été commises au nom du Dieu de miséricorde et de bonté, du Dieu d'amour, qui voulait que tous les hommes fussent des frères.

Mais refermons le livre sur les sombres pages de ce sanglant passé et revenons à la situation actuelle de l'Eglise.

CHAPITRE XXIV

DE L'ITALIE ET DE L'INCIDENT DES PÈLERINAGES

Quand, après la circulaire si ferme, si pleine de clairvoyance et de dignité nationale de M. le Ministre des cultes, motivée par l'incident du Panthéon, on examine froidement, avec calme et sans parti pris, les réponses de M. le cardinal archevêque de Reims, de M. l'archevêque d'Aix, de M. l'évêque d'Angers, lorsqu'on voit ces hauts prélats faire ainsi étalage de sentiments haineux, arrogants, et, ce qui est peu patriotique, quand on voit, dis-je, un évêque, un député, oser insérer dans une lettre publique qui sera lue aussi bien en Italie qu'en France, les lignes suivantes :

« Je déclare que l'honneur et la dignité de notre nation ont reçu une atteinte, et que le Pape n'est pas libre dans son ministère. » Que peut-on penser de cet évêque qui se flatte que le Gouvernement protégera l'indépendance du Saint-Siège, les droits et la liberté des catholiques français.

Où diable l'indépendance du Saint-Siège a-t-elle

été menacée par la circulaire de M. le Ministre des cultes? Je voudrais bien savoir si c'est porter atteinte aux droits et à la liberté des catholiques français de les empêcher d'outrager une nation voisine.

Voudrait-on, par hasard, pour satisfaire des rancunes cléricales, parce qu'il a plu à deux ou trois polissons, élèves de sacristie, d'insulter le pouvoir italien, que nous allions, à la grande joie et à la satisfaction de l'Allemagne, entreprendre une croisade d'un nouveau genre, une campagne absurde et antinationale contre l'Italie, l'Allemagne et l'Autriche?

Dans leurs réponses, ces Messieurs ont trahi la secrète pensée de l'Eglise. Nous connaissions cette antienne en France. On la connaît aussi en Italie, et M. l'Evêque d'Angers n'a fait en somme que légitimer les appréhensions des Italiens, en même temps que justifier la circulaire de M. le Ministre des cultes.

Un rédacteur de l'*Estafette* écrivait ces jours derniers :

« Oui, en Italie, on craint toujours l'intervention de la France en faveur du Pape. On se rappelle l'expédition de Rome, et l'on a entendu les niaises litanies du Sacré-Cœur : « *Sauvons Rome et la France* », qu'est-ce donc à dire? qu'avons-nous à nous ingérer de sauver Rome? De qui, de quoi? Rome n'est-elle pas la capitale d'un peuple avec qui la République vit en paix?

» Non, non, Rome appartient au Pape. On veut

que la France délivre Rome de la monarchie italienne. Ah ! que M. le cardinal archevêque de Reims dise la chose, et que M. l'archevêque d'Aix la répète, on se gardera de rien prendre au tragique. Mais M. l'évêque d'Angers n'est ni cardinal, ni archevêque, lui. C'est un penseur, un homme de savoir et de réflexion, très patriote, et il chante : « *Sauvons Rome et la France !* »

» Le temps est bien choisi ! Ah ! non, par exemple, renoncez à toute espérance. Le Gouvernement de la République ne partira point en guerre. Est-ce qu'il y a quoi que ce soit de commun entre la France et vos pèlerins ? Ne parlons pas d'une expédition de Rome. C'est fini ces folies criminelles, M. l'évêque d'Angers n'y pense pas. Rome est aux italiens. A eux de s'accomoder avec le Pape. La France entend bien ne point se mêler de l'affaire.

» Alors quoi ? Une action diplomatique ? Pourquoi ? Quelle solidarité peut-il y avoir entre le monde des pèlerinages et la France républicaine ?

» Nos évêques seraient sages d'être plus modestes. Leurs violences, leurs réclamations altières, ont irrité les esprits par delà les Alpes, et suscité les plus vives défiances vis-à-vis de la France. Rien n'est moins fondé que ces défiances que condamnent également et l'attitude et les intérêts de notre pays. Mais elles existent. Et quand le Gouvernement s'efforce de les dissiper et d'apaiser une émotion injustifiée, les évêques se révoltent et s'oublient en rodomontades ; ils évoquent les plus funestes souvenirs et réveillent les susceptibilités du peuple italien !

» Quelle folie d'oublier que le temps de la haute puissance politique et morale de l'Eglise est passé sans retour.

» Et quelle imprudence ! »

Comment l'Eglise veut-elle que le patriotisme français ne se révolte pas? En lui voyant faire fi de la Patrie, on se demande ce qu'est la France pour le parti clérical? La France, la patrie, elle ne compte pour rien pour la gent dévote. Il n'y a de vrai pour elle que le Sacré-Cœur de Montmartre et Rome. « *Sauvez Rome et la France!* » Il faut donner l'une et l'autre à la Papauté et aux Jésuites. Voilà le rêve des cléricaux ; heureusement il est celui de l'infime minorité de la nation.

Ce que je voudrais qu'on sache partout en France, dans la chaumière comme dans l'atelier, c'est que tous les malheurs qui ont frappé la France depuis quatre-vingts ans, sont dus à l'ultramontanisme. Nous avons vu les blancs à l'œuvre en 1793 ; n'ont-ils pas profité du moment où la Patrie était aux prises avec l'étranger, où elle était sur le point de succomber, pour essayer de la frapper au cœur, en lui suscitant la guerre civile, la chouannerie. Ce sont eux encore, qui dirigeaient la contre-révolution en 1815, alors qu'ils entraient en France dans les fourgons de l'étranger. Ils marchaient dans les rangs des ennemis de la Patrie. Comme le vautour qui s'acharne sur les cadavres, ils savoueraient avec délice l'écrasement de la nation, espérant reprendre le pouvoir sur ses ruines. La Patrie ? est-ce qu'elle compte pour les ultramontains? Comme les pires anarchistes, ils n'ont d'autre but que le renversement de la société accaparée à leur profit.

En 1848, ils eurent peur, et bénirent les arbres de la liberté. Trois ans après, ils bénissaient de même l'assassin qui, les mains encore teintes du sang de ses victimes, faisait arracher ces arbres de la liberté, qui avaient abrité à leur ombre ses malsaines ambitions.

En 1849, ce même parti ultramontain fit commettre cette monstrueuse faute, dont aujourd'hui la République paye les conséquences, de faire étrangler la République italienne par la République française; ils inspirèrent l'idée de ce fameux siège de Rome, qui restera comme une souillure du Gouvernement de 1848. Le souvenir de cette absurde intervention a été une des principales causes qui ont jeté l'Italie dans les bras de l'Allemagne.

On ne peut expliquer autrement que par l'ingérence cléricale, la folie commise par la France. Après avoir accompli une mémorable révolution pour reconquérir sa liberté, elle s'en fut écraser l'Italie qui, elle aussi, voulait s'arracher des griffes du clergé pour reconquérir la sienne. Elle lui mettait alors le poing sur la gorge, la blessant dans son légitime orgueil, en laissant à Rome pendant vingt ans une armée d'occupation. En résumé, alors que nous revendiquions le droit de nous gouverner nous-mêmes, nous imposions honteusement aux italiens le Gouvernement de la Papauté.

Plus tard, en 1859, la France repart en campagne, et après la victoire de Solférino, quand l'Italie, confiante dans les promesses de Napoléon III : « *L'Italie sera libre des Alpes à l'Adriatique,* » croit reprendre la Vénitie et le Trentin, l'Empereur, sous l'influence du parti clérical qui voyait d'un mauvais œil la victoire des alliés, traite la paix, sans souci du sang versé inutilement, et des légitimes revendications de Victor-Emmanuel et de son peuple.

Oui, ce parti des ténèbres n'a pas eu honte d'arrêter les succès de la Patrie, il ne fallait pas que l'Italie fut grande et forte, ça ne faisait pas l'affaire des Jésuites, et ceux-là étaient, sous le second empire, tout puissants.

Quand, après ce que je viens de citer, j'entends les récriminations d'une certaine partie de la presse, et même de la majorité de la nation, taxant d'ingratitude l'Italie, je m'étonne et ma conscience se révolte.

Il faut bien peu connaître l'histoire contemporaine, pour taxer l'Italie d'ingratitude envers la

France, quand elle se met en travers de notre route en se liguant avec nos ennemis. Il y a des choses qu'il ne faut pas avoir honte de dire : L'Italie nous rend purement et simplement ce que nous lui avons fait à elle, grâce aux Jésuites qui dirigeaient l'indolent Napoléon III, lorsque non content d'avoir écrasé sa liberté, nous l'avons tenue pendant vingt ans sous le joug de ses ennemis séculaires.

Quand j'entends la majorité des journaux français récriminer au sujet de l'Italie, et de son attitude à notre égard, combien je regrette d'avoir à constater la profondeur de l'abîme où nous a entraînés un chauvinisme exagéré, c'est avec peine que je vois d'aucuns essayer de nous faire accroire qu'il n'y a, en Italie, que les classes dirigeantes qui soient hostiles à la France, et que la majorité de la nation est avec nous; je ne puis admettre que la presse française cherche à nous abuser de la sorte. Hélas! il faut le reconnaître, l'Italie presque toute entière est gallophobe; nous venons d'en voir une preuve éclatante dans l'incident du Panthéon, et dans les manifestations antifrançaises qui viennent de se produire dans le royaume tout entier.

A-t-elle bien traduit sa pensée à notre égard, la nation italienne? Nous a-t-elle bien montré qu'elle avait gardé le souvenir des attentats accomplis par le Gouvernement impérial, contre son indépendance, contre son unité?

L'empereur avait dit et fait crier sur tous les tons : « *L'Italie sera libre des Alpes à l'Adriatique.* » Mais je le répète, sous la pression des ultramontains, la camarilla de l'impératrice entraînait le Gouvernement à manquer à ses promesses, et faisait perdre les fruits des victoires de 1859. Et l'on veut, après de semblables fautes, que l'Italie ait de la reconnaissance pour la France ! Il faudrait avoir une forte dose de mansuétude pour oublier de semblables griefs.

Je sais bien qu'on peut me répondre : « Mais c'est le Gouvernement impérial qui a commis ces fautes ; le Gouvernement républicain ne doit pas être rendu responsable des sottises de l'empire. »

Ces observations sont fort justes, mais il n'en est pas moins vrai que l'Italie craint toujours que la France, dans un moment d'oubli d'elle-même, ou de faiblesse, ne cède aux vœux du parti clérical, et n'entreprenne une nouvelle expédition de Rome. D'ailleurs la presse ministérielle a bien soin d'entretenir au-delà des Alpes, la nation dans ces idées. Cela est fâcheux et funeste aux intérêts des deux pays ; aussi, ne puis-je m'empêcher de trouver extraordinaire que le parti libéral italien n'ouvre pas les yeux à la foule, et ne lui fasse pas comprendre l'énormité d'un mensonge aussi grossier. Les gens éclairés devraient comprendre que, tant que la France sera en République, elle se gardera bien d'intervenir en aucune façon dans le Gouvernement de l'Italie, et même de critiquer son attitude envers le Saint-Siège ; elle respecte la forme gouvernementale adoptée par les autres nations, parce qu'elle veut, de son côté, que l'on respecte les institutions qui la régissent et qu'elle tient à conserver intactes.

Ce qu'on ne voit pas assez en France, c'est que cette recrudescence de haine de l'Italie contre nous, a eu pour point de départ la comédie jouée par quelques membres du clergé français, et dont MM. Lavigerie, Fava, et les grands metteurs en scène du Saint-Siège, ont été les impressarios. Comédie en effet, que ce semblant d'adhésion du clergé à la République. Bien simple qui ajouterait créance à cette nouvelle coalition de l'Eglise. Non, cent fois non, le clergé français ne sera jamais républicain ; non, le clergé français ne sera jamais l'ami et le soutien du peuple, il verra toujours luire à l'horizon l'espoir du rétablissement de la monarchie. Aveugles ceux qui voient autrement ; avoir confiance en la sincérité des cléricaux, c'est connaître bien peu les coulisses de l'ultramontanisme.

Leur but, en se rapprochant du Gouvernement, en feignant d'accepter la République, est d'y entrer assez nombreux pour pouvoir étrangler la liberté quand ils croiront que le moment opportun sera venu.

Voilà ce que les Italiens voient mieux que nous.

Voilà pourquoi la campagne antifrançaise devient de plus en plus violente; aussi je suis loin de les blâmer. Pour les mêmes raisons, nous les libéraux, nous les vrais démocrates, nous devons être plus vigilants que jamais, et repousser loin de nous ces singulières recrues, qui n'ont d'autre objectif dans cette nouvelle expédition, que d'endormir les républicains, puis, profitant de leur sommeil, de leur passer la corde au cou.

Croire que le fossé creusé par la Révolution de 1789 entre le parti républicain de l'ultramontanisme peut être comblé en quelques jours, par une adhésion calculée de la Papauté à la République, est commettre une grande erreur. Quelques chefs donneront bien bruyamment, peut-être, le conseil d'accepter la République et de se rallier à cette forme de Gouvernement; mais les grandes masses de l'armée cléricale feront la sourde oreille, et n'en continueront pas moins à saper la République en calomniant, sans trêve ni scrupule, les hommes au pouvoir. Non seulement la majorité du clergé sera rétive aux exhortations des meneurs de cette campagne, mais encore tous les hoberaux de village, tous les bourgeois ventrus, tous les cléricaux en un mot, seront demain ce qu'ils étaient hier, c'est-à-dire des soldats enrôlés sous la bannière des Jésuites, par conséquent, les ennemis irréconciliables des principes qui sont l'essence même de la République.

CHAPITRE XXV

L'ÉGLISE ET LES OUVRIERS

Une des causes du mouvement, ou du semblant d'évolution de certains chefs de l'Eglise en faveur de la République, est bien certainement l'espoir caressé dans les sacristies, et dans les salons où l'on conspire, de ramener à la religion la masse des prolétaires, des artisans, des ouvriers, qui, loin d'être dupes de ces singuliers protecteurs, deviennent de plus en plus rebelles au principe monarchique, cet idéal vieillot du Clergé.

Après les de Mun et les Chesnelong, voilà des cardinaux, et voilà le Pape lui-même qui veut se mêler de faire du socialisme. Croient-ils les uns et les autres que les ouvriers se laisseront engluer par leurs flatteries ? Non. Grâce à la diffusion de l'instruction, ils lisent les journaux et comprennent la valeur des promesses du clergé, ou la portée réelle des discours de ces avocats du trône et de l'autel. C'est avec la charité qu'on entend faire du socialisme au profit de l'ouvrier ; mais est-ce que l'aumône n'est pas inséparable du billet de confession. Quelque engageant que soit le programme, je doute fort qu'on réussisse à l'appliquer.

Nous l'avons bien vu par le fiasco des cercles catholiques, organisés en 1872 et 1875, au moment de la grande campagne du cléricalisme, malgré tout l'appât des coteries et des flatteries prodiguées avec une générosité sans exemple, ils n'ont entraîné dans leurs souricières, que quelques paresseux ou ivrognes déclassés. Pas un ouvrier sérieux qui se soit laissé prendre à leurs belles promesses. Malgré la croisade de M. de Mun et une propagande enragée faite par toute la gent cléricale, les cercles sont aujourd'hui complètement délaissés; les ouvriers sages, honnêtes, les travailleurs intelligents, fuient ces tannières comme la peste, et ne cachent pas leur profond mépris pour les fainéants et les gourmands qui, sous prétexte de religion, n'y vont que pour se restaurer gratis, ou arracher à la générosité des organisateurs quelques pièces blanches qu'ils s'empresseront d'aller dépenser au cabaret.

A l'ouvrier rangé et laborieux, le socialisme catholique ne dit rien qui vaille. Il y a beau temps qu'on connaît dans les ateliers la fable du renard et du corbeau. Si messieurs du clergé s'imaginent que leur semblant d'adhésion à la République éblouira assez les masses pour les attirer dans leurs rets, s'ils croient arriver par ce moyen à faire des ouvriers français des piliers de sacristie, ils se sont singulièrement trompés.

Tous les esprits clairvoyants savent que l'Eglise de Rome est un vieux monument vermoulu, qui craque de toute part. Nul n'ignore que par les fautes du clergé, ce colosse de pierre se lézarde tous les jours davantage, et qu'il est bien prêt de s'effondrer. Si le clergé entend le consolider avec l'aide de la classe ouvrière, il est dans une profonde erreur.

Ah ! Messieurs de l'Eglise, pendant quinze siècles, au lieu de prendre la défense du peuple comme Jésus vous l'avait dit, vous avez fait cause commune avec ses ennemis, que dis-je, non-seulement vous avez fait cause commune avec eux, mais vous excitiez contre lui la meute qui le houspillait, le traquait, et l'aculait dans son bouge de misère et de souffrance.

Pendant que le manant, véritable ilote au milieu de la société, n'avait rien à lui; vous étiez ses maîtres; il était votre esclave, moins qu'une bête de somme; et vous, hommes d'église, pendant les sombres siècles du moyen-âge, vous n'aviez pas honte d'abuser de sa femme et de ses enfants ! Alors que vous exigiez de vos humbles serviteurs les actes de servilisme les plus dégradants, vous ne respectiez pas la personne humaine de vos serfs. Et aujourd'hui que vous sentez combien ce pauvre peuple pèse, grâce à la Révolution de 1848, dans la balance gouvernementale, vous essayez de mettre ce poids de votre côté; c'est là une vaine tentative.

L'ouvrier se défie de vos flatteries. Vous croyez, par quelques conversions, ou soit-disantes conversions de hauts prélats à la République, lui faire oublier l'histoire, effacer de sa mémoire tout ce sombre passé, et tout le mal que vous lui avez fait; vous comptez qu'il viendra bénévolément, sottement, bêtement, se remettre entre vos mains comme aux premiers siècles du christianisme? Si vous avez cru cela, vous êtes dans une profonde erreur. Jacques Bonhomme est bon, confiant, endurant, mais il sera toujours rebelle à vos flatteries. C'est bien inutilement que vous viderez votre sac de ruses et de supercheries, vous ne parviendrez jamais à lui faire croire à la sincérité de votre adhésion à la République. N'espérez plus nous rendre dupes de cette facétie. Si vous voulez essayer de ce système, il faut d'abord, comme pour toute chose, commencer par le commencement, c'est-à-dire qu'en faisant adhésion à la République, vous devrez, pour bien montrer votre sincérité, donner l'exemple des vertus que le Christ avait enseignées. Il vous faudra tout d'abord prendre la défense des humbles et des malheureux, traiter tous les hommes comme des frères; au lieu d'aller festoyer dans les châteaux, au lieu de fulminer contre la République du haut de votre chaire, d'où ne devraient tomber que des paroles évangéliques, il vous faudrait, comme le firent les premiers pèlerins qui fondèrent la religion catholique, porter une part du festin du château dans la chaumière, aider les pauvres, vous montrer secourables, indulgents pour tous ceux qui souffrent, pour tous ceux qui peinent.

Quand j'aurai vu prendre au clergé cette attitude et suivre cette ligne de conduite, quand je l'aurai vu dans l'arène électorale mener le bon combat, en faveur des libéraux et des républicains, ce jour là, mais ce jour là seulement, je croirai à sa conversion. Hélas ! que j'ai peur de mourir avant d'avoir admiré toutes ces belles choses.

Un homme d'esprit disait ces jours derniers sur ce sujet :

« L'allocution du Pape aux pèlerins français ne fera pas avancer d'un pas la question sociale ; c'est à proprement parler, un résumé de son encyclique *De conditione opificum*.

» On connaît la thèse de Léon XIII : La société civile, abandonnée à ses propres forces, est impuissante à donner la solution du problème. Il lui faut l'aide de l'Eglise, parce que la religion seule possède le droit d'imposer aux consciences la justice parfaite, c'est-à-dire la charité avec tous ses dévouements.

» C'est là une thèse contestable, qui est contredite tout au moins par l'histoire. Voici dix-huit siècles que l'Eglise conduit les âmes et le gouvernement des consciences, elle a complètement imprégné certaines régions de son esprit, et c'est précisément dans ces régions que le travailleur est le plus misérable, qu'il est vraiment un paria, qu'il donne l'idée de l'ilote antique, survivant aux anciennes civilisations disparues.

» C'est que l'Eglise s'est toujours préoccupée exclusivement d'asservir les âmes. Pour y arriver, elle a voulu dompter les intelligences, et elle a dû se montrer l'ennemie persévérante des progrès matériels qui conduisent à l'aisance générale.

» C'est s'aventurer beaucoup que de parler de l'impuissance de l'Etat. Assurément, il ne peut régler, d'après les principes de charité, les rapports du travail et du capital, du salariat et de la production; mais une fois ces rapports établis de façon à respecter également les droits et les intérêts des partis en cause, l'Etat a le devoir de se préoccuper du sort des déshérités et des malheureux. Et c'est ce qu'il fait, par exemple, quand il prépare des lois sur les pensions de retraite; quand il crée ses œuvres d'assistance publique qui vont se multipliant tous les jours.

» On peut reprocher à l'Etat d'avoir trop compté jusqu'ici sur l'initiative privée; mais il comprend aujourd'hui qu'il doit venir efficacement en aide aux efforts des individus, il travaille résolument dans cette direction — non sans des tâtonnements inévitables, et sans se rendre compte qu'il y faudra beaucoup de temps, beaucoup d'argent, et une énergie persévérante.

» La vérité est qu'il faut prendre le contre-pied de l'assertion de Léon XIII. La conception qu'a eue l'Eglise de « l'assistance ouvrière » et qu'elle a réalisé sous le couvert de la charité, est condamnée par l'expérience. Aujourd'hui qu'elle est battue en brèche dans ses dogmes, qu'elle a perdu son action sur les pouvoirs publics, qu'elle est amoindrie dans son prestige et discutée dans son action, qu'elle vit comme figée et immobilisée, en dehors du courant qui emporte les sociétés modernes. elle est radicalement impuissante à formuler et à faire triompher la série des réformes sociales qui doivent ramener la paix et la sécurité dans le monde du travail. »

Un rédacteur du *Figaro* s'est préoccupé de savoir si le récent témoignage de sollicitude de Léon XIII, envers les classes laborieuses, et l'acceptation de la République par le haut clergé, avait pour effet de ramener l'ouvrier à l'Eglise, et si ces événements avaient apporté un accroissement dans le monde des fidèles. Il a voulu vérifier le fait pour le milieu ouvrier parisien par excellence, pour Belleville, et, à l'effet d'être renseigné, il s'est adressé aux curés de Belleville, de la Villette, de Clichy et Levallois.

A en juger par les réponses de ces prêtres, la double évolution accomplie, presque simultanément par l'Eglise, n'a point eu de répercussion favorable à ses intérêts, dans le milieu socialiste de la capitale.

Le curé de Belleville déclare qu'il ne songe pas même à reconquérir les populations ouvrières de sa paroisse, parce qu'il n'a, avec elles, aucun point de contact. Il y a trop longtemps que l'ouvrier s'est détaché de la religion. Il est définitivement perdu. L'Eglise, ayant toujours fait du socialisme, l'encyclique sur la condition de l'ouvrier ne peut point lui fournir une arme nouvelle. Quant à l'évolution vers la République, le curé de Belleville a d'autant moins de foi en son efficacité, qu'il la désapprouve visiblement.

Le curé de Clichy-Levallois partage les mêmes sentiments. Toutes les fois que l'Eglise a essayé d'évoluer, elle n'a fait que se compromettre. « Elle ne doit pas — dit-il — songer à *christianiser* les ménages, mais essayer de sauver du naufrage le plus d'âmes possibles, et l'enfant est le seul moyen. » Créer, multiplier les écoles, où l'enfant apprendra à regarder de haut le siècle, voilà notre devoir, et, peut-être, notre salut. »

Le curé de la Villette ne paraît pas avoir l'intransigeance ou la désespérance de ses deux collègues. Lui, il abandonne « l'ouvrier qui fait de la politique ; » il renonce à mettre le grappin sur celui-là ; il déclare, en outre, que l'Eglise ne doit point faire elle-même la propagande nécessaire, parce que l'ouvrier se méfie d'elle. En revanche, il a l'intime conviction qu'il y aurait grand profit à organiser des missions par le canal des laïques, à créer des salles de conférences dans tous les quartiers. On démontrerait à l'ouvrier que l'Eglise ne veut pas le dévorer, qu'elle entend l'aider à supporter les misères de la vie, surtout « *l'aider dans ses différents avec le patron.* » On aurait chance, alors, de ramener beaucoup de brebis égarées.

On voit que si le curé de la Villette a encore la foi, ce n'est point précisément celle qui transporte les montagnes.

Le rédacteur du *Figaro* a été soumettre les résultats de son enquête à un *Prince de l'Eglise*, dont il tait intentionnellement le nom, mais dans lequel il n'est point difficile de reconnaître M. l'abbé d'Hulst.

L'abbé d'Hulst a reconnu que beaucoup de prêtres pensent comme les curés dont on vient de voir l'opinion, que l'Eglise n'avait plus de contact avec l'ouvrier; mais il ne veut l'admettre à aucun prix, et il déclare tout net que c'est à eux de chercher le point de contact et de le trouver. Pour y arriver, il faut, tout d'abord, qu'ils reconnaissent la République. Il s'y est bien rallié, lui qui appartient à une famille essentiellement légitimiste, dont les grands parents ont eu la tête tranchée en 1793. Tant d'autres ont agi de même, en voyant la monarchie définitivement éteinte. Mais le prélat ajoute que, s'il se rallie loyalement à la forme de gouvernement que la France s'est donnée, il n'acceptera jamais « l'ensemble des lois républicaines oppressives du clergé. »

A son sens, l'ouvrier et le prêtre ont ce point de contact qu'ils ont besoin l'un et l'autre de plus de justice sociale. Ils se trouveront peut-être, un jour, dos à dos. Mais, pour le temps présent, ils peuvent unir leurs efforts.

Ces quatre consultations diverses concordent sur ce point : que la masse ouvrière s'est détachée de l'Eglise, et que ceux des membres du clergé qui espèrent l'y ramener ne voient qu'un moyen, c'est que l'Eglise prenne délibérément en main les revendications des travailleurs. Mais, si l'Eglise entre dans cette voie, c'est avec l'intention formelle d'utiliser, à son profit, ce retour des massses et de s'en servir pour essayer de cléricaliser la République.

Le curé de Belleville déclare « qu'il ne songe pas même à reconquérir les populations ouvrières de sa paroisse, parce qu'il n'a aucun point de contact avec elles. » Cet essai a, pourtant, été tenté. Nous avons bien vu, dans toutes les villes de France — dans les centres ouvriers surtout — la création des cercles catholiques. Quel était, pour l'Eglise, le but de cette création ?... Ce but n'était-il pas, bien certainement, de chercher ce point de contact ; or, si l'on n'a pas réussi, à qui la faute, si ce n'est à l'Eglise ?

L'ouvrier est curieux, il aime les nouveautés ; dès

l'ouverture des cercles, bon nombre y sont allés pour se rendre compte, pour voir ce qui s'y passait. Dès leur première visite, les homélies des conférenciers les ont fixés sur le plan du parti clérical. En entendant excommunier la République et les républicains, noircir, calomnier lâchement et jésuitiquement les hommes en lesquels ils avaient le plus de confiance, pendant que l'on vantait le gouvernement monarchique dont ils ont horreur, ils se sont fait, de ces attrape-nigauds, une idée aussi juste que peu favorable.

Aussi les cercles sont-ils tombés; par suite, le contact n'a pas été pris.

L'ouvrier, en général, est confiant, très facile a se laisser entraîner par les flatteries; mais, dès qu'il s'aperçoit que son intérêt, que sa liberté, qu'il aime par-dessus tout, sont en jeu, il a vite fait de brûler ce qu'il adorait hier.

Dans la campagne qui fut entreprise par l'organisation des cercles catholiques, il vit de suite le piège et ne s'y laissa pas prendre. Je me souviens de tout le bien que l'on disait et que l'on pensait, dans le monde catholique, de cette invention nouvelle, qui devait entraîner la masse laborieuse dans les bras du cléricalisme. Les ouvertures de ces cercles furent bruyantes. Tous les journaux de sacristie entonnèrent la trompette de la victoire. J'ai encore présent à mes yeux ces grandes enseignes peintes en lettres blanches, afin de mieux marquer la couleur de leur drapeau. Je vois encore ces maisons de commerce honteuses, fermées de jour, comme si elles servaient d'asile à des hiboux ou à quelques autres oiseaux de mauvais présage ; rien de tout cela n'est plus : les flambantes lettres blanches se sont ternies. Les portes ne s'ouvrent plus quand la nuit tombe. Les cercles sont vides. L'opération a raté complétement.

L'Eglise vient de chercher un autre moyen ; elle essaye d'autres combinaisons. C'est, d'abord, son semblant d'évolution vers la République, puis la campagne de M. de Mun et *tutti quanti* en faveur du socialisme chrétien ; mais la mèche est éventée, la mine fera camouflet. L'Eglise, d'ailleurs, est liée — disons mieux — garottée par les Jésuites, dont elle ne peut se séparer ; elle partage avec eux l'animadversion qu'ils inspirent au peuple.

CONCLUSION

Quesnay a dit : « Le despotisme est impossible si la nation est éclairée. »

John Stuart Mill termine son livre sur la Liberté par les réflexions suivantes :

« La valeur d'un Etat, à la longue, c'est la valeur des individus qui le composent, et un Etat qui préfère à l'expansion et à l'élévation intellectuelle des individus, un semblant d'habileté administrative dans le détail des affaires, un Etat qui rapetisse les hommes, afin qu'ils puissent être dans ses mains les instruments dociles de ses projets, *même bienfaisants*, s'apercevra qu'on ne peut pas faire de grandes choses avec de petits hommes, et que la perfection de mécanisme à laquelle il a tout sacrifié finira par ne lui servir de rien, faute du pouvoir vital, qu'il lui a plu de proscrire pour faciliter le jeu de la machine. »

Toute la situation politique actuelle de la France est résumée dans ces quelques lignes dues à la plume de ces deux illustres penseurs. A notre avis, cette situation déplorable n'est que la conséquence de la campagne menée par l'Eglise contre le parti libéral. Si nous ne pouvons faire de grandes choses, c'est parce que le Clergé a réussi en partie à s'emparer de l'éducation de la jeunesse française en vue de reprendre le pouvoir et de régner en maître, en se servant de l'influence acquise à l'école comme d'un levier avec lequel il cherche à renverser la République après avoir supprimé la liberté.

Ces menées ténébreuses doivent donc être combattues à outrance par tous les citoyens qui ont à cœur l'amour de la Patrie et l'ambition de sa grandeur. Nous avons des exemples trop frappants sous nos yeux, dans les gouvernements inféodés aux Jésuites, pour hésiter un seul instant. Il faut agir et agir vite. Et quand les cléricaux viendront réclamer ce qu'ils appellent la liberté de l'enseignement, nous leur crierons : « Jésuites, rendez-nous l'Alsace et la Lorraine! C'est vous, par vos élèves et par vos valets, qui avez entraîné Napoléon III et l'impératrice, cette fanatique Espagnole; c'est vous qui avez conduit l'Empire du Mexique à Sedan; c'est vous qui avez envoyé nos enfants à la boucherie; c'est vous qui avez fait de notre cher pays un charnier; c'est vous qui avez allumé la guerre civile et attiré sur la France toutes les calamités de l'année terrible. La Justice impartiale vous clouera au pilori et inscrira en lettres de feu votre nom au bas de ce sombre drame dont vous êtes les auteurs. »

Hommes noirs, vous ne pourrez jamais effacer cette sombre page de notre histoire.

Mais que vous importe, puisque vous n'avez pas de patrie! Votre unique rêve, votre seule ambition, c'est de dominer, d'exercer le pouvoir. Si vous réussissiez, les Français seraient bientôt, pour la meilleure partie d'eux-mêmes, soumis à une autorité étrangère, détachés de tous intérêts nationaux; ils ne se préoccuperaient plus que de ceux de Rome et du Saint-Siége. Vivant, pour ainsi dire, en étrangers au milieu d'une société dont ils ne feraient partie que nominativement, ils ne dépendraient que des Jésuites sous le rapport de la conscience, que du prince pour leur subsistance. Ils seraient, en un mot, uniquement les serviteurs, les esclaves du trône et de l'Eglise.

Dans chaque évènement politique, les cléricaux ne voient que ce qui peut être utile à leur cause ou peut lui nuire. Qu'importe le reste? leur condition naturelle en politique est l'indifférence. S'ils sont parfaits en tant que membres de la société chrétienne, ils agissent en mauvais citoyens partout ailleurs. Avec de pareils sentiments et de semblables idées, ceux qui se sont faits les éducateurs de l'enfance doivent fatalement énerver l'âme de la nation toute entière en ce qui touche à la vie politique et à la grandeur de la France.

Je n'ai cessé de le dire dans cet ouvrage, et je tiens à le répéter à satiété : L'Eglise de Rome conduite par le Gésus et désireuse de former une génération servile, dévouée à la cause ultramontaine et monarchique, n'a qu'un but : devenir la grande éducatrice de la France; j'ajoute que, pour les aider dans cette entreprise ténébreuse, les chefs ont de zélés auxiliaires parmi les desservants, les frères ignorantins et tout le bas clergé. Et dans les rangs mêmes des républicains, combien d'hommes qui, inconsciemment, leur prêtent un précieux appui? Bref, il faut le reconnaître, toute cette armée noire est formidablement et intelligemment organisée.

Parmi leurs auxiliaires, là où ils rencontrent le dévouement le plus sincère et le plus discret, c'est assurément dans les congrégations de femmes. Ils savent préparer ces esprits doux et malléables et en faire de précieux instruments de propagande. Presque toutes ces religieuses — les meilleures — ne sont entrées dans les couvents que sur les conseils de leurs confesseurs; d'autres, par dépit d'amour ou à la suite de chagrins de famille habilement exploités. Eh bien! de ces femmes dont le plus grand nombre auraient fait d'excellentes épouses et d'admirables mères de famille, ils font des esclaves dociles qui, dès le jour où elles ont prononcé leurs vœux, ne s'appartiennent plus, car elles doivent oublier père, mère, frères, parents, amis !

Elles ne sont plus rien et n'ont plus rien, pas même le droit d'avoir une volonté ! Mais après? Que de regrets ! que de larmes versées en silence, la nuit, dans la froide et triste cellule, en pensant à ceux qu'elles ont aimés et au bonheur auquel elles ont renoncé pour se consacrer au service du Seigneur !

Sous la férule de l'ordre et de la discipline, elles n'ont plus qu'à courber la tête, à obéir; leur volonté est entre les mains de leurs supérieures, comme la volonté de leurs supérieures est entre les mains de leurs directeurs, et la volonté de leurs directeurs entre les mains des Jésuites. Voilà la terrible organisation de ce corps gigantesque dont la tête est à Rome et le bras est partout.

Si, aujourd'hui, l'Eglise est si fortement atteinte dans tout ce qui faisait autrefois sa force et sa grandeur, c'est qu'elle a dévié du rôle qui l'avait conduite à la toute-puissance. Comme je l'ai dit, en devenant temporelle, en reniant son origine et sa raison d'être, elle devait fatalement succomber comme toute puissance humaine.

Ce qu'il y a de plus triste dans cette décadence, c'est qu'en tombant, l'Eglise cherche à entraîner la France dans sa chute.

Regardons autour de nous, regardons le passé, interrogeons l'histoire, et voyons ce que l'Eglise de Rome a fait des nations inféodées à la Papauté.

L'Italie, qui était la reine du monde à l'avènement du christianisme, a végété pendant quinze siècles; elle n'a reconquis son indépendance que du jour où elle s'est débarrassée du pouvoir temporel du Saint-Siége.

L'Espagne n'a repris son rang que du jour où elle a chassé l'Inquisition et les Jésuites. L'Autriche — la catholique Autriche — a été écrasée par l'Allemagne protestante.

Quant à la France — notre chère France si puissante et si grande après 93 — n'a-t-elle pas, elle aussi, failli succomber en 1815, alors qu'elle avait contre elle les émigrés, et à leur tête le Clergé et les Jésuites? Elle reçoit son coup de grâce en 1870, par la faute de la camarilla cléricale du second Empire. Elle ne reprend son rang parmi les grandes nations européennes, elle ne redevient forte et puissante qu'après 1876, à la suite de la victoire remportée par les républicains sur les hommes du Seize-Mai et sur l'ultramontanisme.

Après tant de fautes, tant de désastres dus au cléricalisme, il est tout naturel que les esprits libéraux, que les vrais patriotes, jettent l'anathème sur ceux qui ont voulu l'entraîner dans l'abîme. L'Eglise récolte ce qu'elle a semé, et c'est de toute justice.

Aussi pourquoi s'est-elle jetée avec tant de violence

dans la mêlée électorale, luttant sans trêve comme sans pudeur, faisant arme de tout, de la chaire évangélique et même du confessionnal, contre les candidats libéraux, que les principes du Christ lui commandaient de défendre, et cela malgré les conseils d'hommes de valeur, de grands penseurs, qui voyaient de combien de dangers était semée cette funeste voie où on l'entraînait ?

Rien n'y a fait : Les Jésuites étant les maîtres absolus de la Papauté, il a fallu, bon gré mal gré, leur obéir, et aujourd'hui que certains esprits clairvoyants essaient de réagir, ils sont noyés, submergés par les noirs bataillons du cléricalisme (1). Voilà quels sont les résultats des malencontreuses campagnes menées si habilement depuis 1872 ! On a surchauffé la machine ; on ne peut plus l'arrêter.

Tous les moyens étaient bons pour combattre « la Gueuse », tout, jusqu'au Boulangisme, de triste mémoire. Tant de fautes accumulées comme à plaisir par le parti clérical ont porté leurs fruits : l'Eglise de Rome succombe en France sous le lourd fardeau qu'elle traîne depuis des siècles.

Léon XIII, en homme d'esprit, en parfait politique, voyant le danger qui menace l'Eglise romaine, cher-

---

(1) Ces pages étaient écrites avant l'escapade de M. Gouthe-Soulard, sujet sur lequel je reviendrai à la fin de l'ouvrage.

che avec intelligence à réparer le mal. Réussira-t-il? J'en doute! On ne guérit pas en quelques jours une plaie béante depuis quinze siècles. Le mal est si profond encore! Si le pape était suivi, écouté, comme un pape infaillible doit l'être; mais non... ses principaux aides de camp lui échappent; des cardinaux, des archevêques, des évêques, jusqu'aux simples desservants se moquent de ses conseils; ils s'insurgent et refusent d'obéir au chef de l'Eglise, au représentant de Jésus sur la terre, et l'illustrissime M. de Cassagnac ne se gêne point pour le traiter de vieux radoteur.

Comment voulez-vous que les ouailles n'en fassent pas autant, quand les avis de la papauté sont discutés par les princes de l'Eglise?

Le scepticisme, l'esprit de libre examen a pris le dessus; la métaphysique a fait place à la science : c'est elle qui aura le dernier mot.

Voilà ce que l'Eglise semble ne pas voir, car si elle comprenait, elle n'aurait garde de s'entêter à rester l'aide et la complice des monarchies tombées. Ne vaudrait-il pas mieux pour elle qu'elle reprît le rôle qui l'avait faite si grande et si belle, si respectée et si puissante aux premiers siècles du christianisme?

Le peuple, en faveur de qui le Christ avait créé la religion — cette religion qui devait l'aider et le secourir, suivant les conseils de son fondateur, et qui, amère dérision, a contribué à le tenir dans le servage, dans l'esclavage pendant si longtemps — consentira-t-il à se mettre de nouveau sous la tutelle de l'Eglise ?

Il ne faut plus y compter.

Aujourd'hui, tout le monde sait lire et connaît l'histoire ; aussi le peuple est-il convaincu qu'il ne doit sa délivrance, son indépendance, sa liberté, qu'au principe du libre examen et à la philosophie, fille de la Révolution de 1789.

L'Eglise a fort à faire pour remonter le courant de ce flot qui menace de la submerger ; elle s'y prend, d'ailleurs, fort mal pour réussir : Au lieu de donner l'exemple de l'union, de la concorde, de l'entente, de la fraternité, elle se divise, et perd ses forces dans des luttes intestines. Ses docteurs, loin de s'entendre, sont prêts à s'entre-déchirer. Nous allons assister à une lutte qui rappelle celles que se livrèrent au commencement du XVIIIe siècle les Jansénistes et les Molinistes. Tous les coups que vont se porter les adversaires vont résonner sur le dos de la religion. C'est elle qui est frappée par MM. de Cassagnac, Freppel, ou le cardinal Lavigerie, par les soi-disant libéraux, les Gallicans ou les ultramontains ; c'est toujours l'Eglise qui est atteinte, et tout ce bruit est peu fait pour lui rendre sa splendeur.

Le peuple, dans le sein de qui, bien certainement, la religion trouvera encore son dernier asile, regarde avec indifférence, je dirais même avec mépris, ce grand tournois où font assaut, les uns contre les autres, les chefs du catholicisme; il voit bien clairement que ce n'est pas son intérêt qui est en jeu et dont se préoccupe le plus l'Eglise; il comprend que, dans cette lutte, son bonheur, sa liberté, sa famille, qui étaient la grande pensée de la primitive Eglise, ne sont rien, moins que rien, pour l'Eglise actuelle.

Voilà pourquoi ce peuple, autrefois si dévoué à la religion de ses pères, devient sceptique; voilà pourquoi il regarde le curé comme son ennemi, comme l'ennemi de sa liberté, surtout comme l'adversaire de la République, de ce gouvernement auquel il est fortement attaché; voilà pourquoi il reste froid et ne manque pas une occasion de manifester publiquement des sentiments hostiles à tout ce qui se rapproche de près ou de loin au cléricalisme.

L'Eglise — ai-je dit bien souvent — fait obstacle au progrès de la civilisation plutôt qu'elle n'y aide; on dirait qu'elle est étrangère et comme impénétrable à l'esprit nouveau des temps.

Aussi le cœur du peuple lui échappe et tend vers le libéralisme. L'antiquité de ces institutions ne les a pas rendues vénérables; elles se discréditent, au contraire, chaque jour en vieillissant, et, chose étrange, elles inspirent d'autant plus de haine qu'étant en décadence, elles semblent moins en état de nuire.

L'Eglise actuelle est complètement Jésuitisée. Elle

a tout emprunté à la célèbre Compagnie, et ce qu'il y a de plus triste pour son avenir, c'est que le peuple juge, avec son gros bon sens, que la fameuse infaillibilité du pape n'est qu'une nouvelle conspiration contre sa liberté.

En effet, qui a fait la force des Jésuites? C'est la vertu d'obéissance. Se sentant baisser dans l'opinion publique, ils ont voulu faire cadeau à la papauté de ce qui avait été leur force pendant si longtemps. Je crois qu'ils ont fait faire une lourde faute à l'Eglise. Méprisés, honnis du monde entier, par leur alliance avec la papauté, ils vont l'entraîner dans leur chute.

La foi s'en va. On ne croit plus. Le peuple se moque des pèlerins et des pèlerinages; il voit bien que toute cette mise en scène est de la mascarade destinée plutôt à influencer les badauds qu'à relever la fortune de l'Eglise.

La soif du pouvoir, le goût des richesses, l'abandon de l'esprit évangélique, ont détruit le prestige du clergé aux yeux du peuple et amoindri les sentiments respectueux et affectueux qu'il avait gardés pendant si longtemps pour la religion de ses pères.

L'Eglise primitive, avec la croix de bois, l'anneau de fer des premiers pèlerins, avait émancipé l'humanité. Elle n'est plus; elle a fait place à une autre Eglise. Pour cette religion nouvelle, les principes ne sont plus ceux de l'Evangile : les hommes ne sont plus des frères; les uns, ceux qui sont les préférés, doivent être les maîtres, et les autres des esclaves; les uns sont nés pour commander, les autres pour obéir. Il a fallu la Révolution de 1789 pour changer les rôles. Ce sont les républicains qui ont repris la tâche des premiers disciples du Christ. Ce n'est pas Rome, mais la France qui aura l'honneur d'émanciper le monde.

De là cette lutte inique du Clergé et de l'Eglise de Rome en faveur des oppresseurs contre les opprimés. Le château veut écraser la chaumière, voilà la cause de l'antagonisme qui existe entre l'Eglise et le parti libéral, c'est-à-dire l'ingérence maladroite du clergé dans la politique, surtout en faveur de la politique ultramontaine et antilibérale.

Le Saint-Siège voyant la monarchie s'engloutir, craignant avec juste raison qu'elle n'entraînât l'Eglise dans sa chute, essaie de réagir en séparant le principe catholique du principe monarchique. Je ne crois pas qu'il puisse y réussir. L'Eglise actuelle, complètement Jésuitisée, n'obéira pas au Pape malgré son infaillibilité. Cette infaillibilité, pour les ultramontains, est bonne quand elle sert leur cause; mais elle ne compte plus si elle contrarie le moins du monde leurs projets odieux. Le Pape et tous les saints, le bon Dieu et la bonne Vierge, doivent être leurs collaborateurs ou ils les renient sans vergogne comme Judas renia Jésus. Il n'y a de vrai que ce qui est dans l'intérêt des Jésuites. La religion, c'est le cadet de leurs soucis; le pouvoir et la domination, voilà leur rêve.

Je ne suis pas pessimiste; je crois sincèrement au triomphe de la science sur la métaphysique, et, comme conséquence, à la victoire du parti libéral sur l'autocratie. Néanmoins, la situation n'en est pas, pour le moment, moins grave. Les Jésuites ont fait beaucoup de mal à tout le monde, mais le poison de leurs doctrines a moins pénétré dans le cœur du peuple que dans le cœur des classes dirigeantes.

Où donc est cette bourgeoisie voltairienne qui, après avoir fait la Révolution de 1789, fit celle de 1830? Cette bourgeoisie n'existe plus; celle d'aujourd'hui est complètement dans les mains des bons pères. C'est le confessionnal qui, pour elle, a remplacé le libre examen.

Je le dis sans haine et sans passion : le mal est bien grand, mais puisqu'il est connu, on peut le guérir, et nous devrions bénir Gambetta, Jules Ferry et Paul Bert, trois grands citoyens qui ont clairement vu le péril et ont essayé de le conjurer. Mais, je le répète, la société moderne n'est pas hors de danger, nous en voyons tous les jours les preuves.

Les ultramontains ont fait le Boulangisme, qui a failli entraîner la France dans la plus terrible des catastrophes; ce sont eux qui sont derrière Drumont, cherchant encore à diviser la société, à renier notre passé historique, à revenir au siècle où l'on brûlait Etienne Dolé.

Ah! Messieurs les Jésuites, vous voudriez nous ramener à l'Inquisition ou aux beaux jours de la révocation de l'Edit de Nantes? Eh bien! non, vous n'y parviendrez pas! Le peuple, aujourd'hui, n'est plus ignorant, grâce aux bienfaits de l'instruction gratuite, laïque et obligatoire. Il ne sera jamais pour vous. Flattez-le tant que vous voudrez, vous ne le gagnerez pas à votre cause. Je sais bien ce que vous feriez si vous étiez les maîtres de sa liberté. Tout ce que vous avez pu obtenir, depuis la Révolution de 1789, c'est de gagner à votre cause une partie de la bourgeoisie, et cela par l'éducation, comme je l'ai déjà dit. Quant au peuple, il vous déteste; il vous considère comme ses pires ennemis, et il a raison. S'il est confiant, facile à entraîner, s'il a l'oreille ouverte aux discours éloquents des hommes politiques, ne comptez pas pour cela le dominer. Car, dès qu'il aperçoit une « calotte », il comprend qu'un danger le menace, et il est assez intelligent pour l'éviter. Nous l'avons bien vu au Seize-Mai. Dans cette grave circonstance, combien il a fait preuve de tact! Il ne s'est pas trompé sur les meneurs de l'entreprise et sur ce qu'on aurait fait de lui si la campagne avait réussi.

Aujourd'hui, la situation change d'aspect. L'Eglise, divisée en deux camps : d'un côté, Léon XIII, à la tête des Gallicans; de l'autre, la grande majorité des évêques, se moquant de son infaillibité et de toutes ses bulles. Or, il ne faut pas oublier que presque tous les évêques ont été élevés par les Jésuites. Ils suivent les conseils des bons pères. Je crois qu'un pareil état de choses est peu fait pour relever le prestige de l'Eglise, qui, bien certainement, s'amoindrit chaque jour davantage par la faute du clergé. Ses pires ennemis sont les ultramontains.

DERNIÈRES RÉFLEXIONS

Avant de terminer cet ouvrage, je ne puis passer sous silence la triste campagne qui a été menée en Belgique dès l'avènement au pouvoir du ministère frère Orban, chef du parti clérical, afin de bien démontrer de quelle façon les ultramontains entendent le respect de la liberté de conscience et de la volonté paternelle au sujet de l'éducation du peuple.

Les parents qui envoyaient leurs enfants dans les écoles laïques ont été mis en interdit; beaucoup de petits commerçants ont été ruinés; de pauvres ouvriers ont perdu leur travail; on a réduit sans pitié à la plus affreuse misère des malheureux qui avaient le tort de ne pas aller à la messe et à confesse; des instituteurs laïques ont été chassés de leurs écoles, sans qu'on s'inquiète de ce qu'allaient devenir leurs familles qui, pour la plupart, allaient se trouver sans ressource, sans abri et sans pain.

Non contents de sévir contre les instituteurs et institutrices laïques, les évêques frappaient en outre de leurs foudres les parents qui envoyaient leurs enfants dans les écoles communales, et l'on vit, à maintes reprises, les prêtres refuser durement les derniers sacrements à des vieillards qui les faisaient appeler à la dernière heure et qui mouraient épouvantés par la crainte de l'enfer.

Mais laissons ce qui s'est passé en Belgique; voyons ce qui se passe en France et sur la frontière Belge.

Dans le Nord, les patrons cléricaux, avec un sans-gêne et un mépris de la loi qu'on imaginerait difficilement, ont, sous le nom de « Notre-Dame de l'Usine », constitué une association professionnelle, véritable syndicat dans lequel se coudoient les professions les plus hétérogènes. Cette association ne devrait, d'après ses statuts mêmes, comprendre que des patrons s'occupant d'industries textiles; or, le président est un chanoine, et les pères Jésuites y sont en grand nombre. Il va sans dire que les intérêts professionnels sont le cadet des soucis de ces Messieurs, et que leur association ne s'occupe, à peu près exclusivement, que des intérêts religieux et politiques.

Cette association, présidée par le chanoine Fichot, poursuivait la création d'une usine chrétienne, avec confessionnaux, oratoires, chapelles et propagande effrénée pour le journal *la Croix du Nord.* Il y avait déjà *la Croix du Sud,* qui est une constellation et qui n'a besoin d'aucune propagande.

Dans ce terrain aspergé d'eau bénite et bien préparé par Messieurs les Jésuites on vit éclore, comme des champignons vénéneux après l'orage, quantité de congrégations, de confréries et de pèlerinages. Ce fut une véritable terreur : les ouvriers, espionnés par des religieuses jusque dans leurs ateliers; la chapelle, obligatoire, avec prières quotidiennes non moins obligatoires; l'aumônier, introduit dans l'usine et confessant, toujours obligatoirement, chaque samedi et chaque veille de fête.

Voyez-vous le patron maître des consciences de ceux qu'il emploie!

Mais ce n'est pas tout! Le premier vendredi de chaque mois, les ouvriers assistent, *par ordre* — vous entendez bien, par ordre — au salut solennel du Sacré-Cœur, où ils entendent de bien étranges prédications. Quand ils manifestent un mécontentement quelconque, on les met, sous prétexte de retraite, au cachot, au pain et à l'eau. Ce sont naturellement les Jésuites qui dirigent ces retraites, et quand les ouvriers refusent de s'y rendre, ils sont impitoyablement jetés sur le pavé. C'est vraiment une chose effroyable que ces retraites. Imaginez-vous une maison aménagée *ad hoc* et dirigée par cinq Jésuites que préside un autre Jésuite, le père Didier. Les ouvriers y sont envoyés, bon gré, malgré, par les patrons, dès qu'ils manifestent la moindre velléité d'indépendance. Là, ils sont soumis à une discipline sévère et à une sorte de catéchisation spéciale destinée à les transformer en zélateurs, en véritables meneurs cléricaux.

Quant à « Notre-Dame de l'Usine », cette confrérie fonctionne de la façon suivante : Les ouvriers sont groupés par dizaines, et à la tête de chaque dizaine est placé un « zélateur » chargé de surveiller ses camarades et de faire des rapports sur eux ; comme conséquence toute naturelle de l'emploi de ce système, point de travail pour ceux qui n'apartiennent pas à la confrérie. Les vieux ouvriers ont essayé de résister ; ils ont été expulsés. On a fait plus : on a institué les sœurs des ouvriers, qui vont *à domicile* s'assurer que les prescriptions de la confrérie sont rigoureusement observées. C'est le parti jésuite, ce sont les Jésuites qui, rentrés malgré les décrets, ou plutôt qui ne sont jamais sortis, terrorisent toute la région industrielle du Nord.

Ces faits sont si monstrueux que l'on est tenté de douter de la véracité de ces récits. Rien n'est plus vrai cependant. C'est du haut de la tribune du Parlement que cette histoire scandaleuse a été dévoilée.

Et quoi ! cent ans à peine après que la Révolution de 1789 a proclamé les droits de l'homme, la liberté individuelle, la liberté de conscience, le parti clérical, sans pudeur et sans honte, ose entreprendre une semblable conspiration ! C'est faire honte à la nation. C'est pourtant ce parti qui crie au martyre, au scandale, quand le Gouvernement veut lui faire respecter les lois. Ceux qui publient partout que la République porte atteinte à la liberté de conscience, à la liberté des pères de famille, font comme ce voleur qui criait : « Arrêtez-le ! » en se sauvant.

Mais la conspiration est plus vaste encore. La ligue catholique est constituée; elle a voulu, avant d'engager la lutte contre l'esprit de la Révolution française, se placer sous la protection du Sacré-Cœur. Donc, pas de doute, ce sont les Jésuites qui l'ont organisée; elle est bien leur œuvre.

Les chaires de presque toutes les églises de France retentissent de cris de haine contre la République. La politique s'est substituée à l'Evangile; les prêtres se lancent dans les discussions absolument politiques. Le pape lui-même n'est plus écouté ; les uns mettent les intérêts de la monarchie avant ceux de la religion; les autres, timidement, font acte de foi.

Tous les moyens sont bons pour les Jésuites. Après le Boulangisme, nous les voyons prêcher ouvertement l'anarchie. C'est ce que vient de faire le cardinal Richard lui-même.

Mais que ces fougueux évêques y prennent garde, en semant le vent on récolte la tempête. Bien certainement ils seront les premières victimes des désordres sociaux, mais il sera trop tard pour pouvoir réparer le mal qu'ils auront fait. Le mot d'ordre est si bien donné que ce n'est pas le cardinal Richard seul qui mène cette campagne. Nous l'avons vu dernièrement à la fameuse réunion, à Lille, où MM. de Cassagnac, de Mun et l'anarchiste Lafargue se congratulaient publiquement.

Mais que ces ennemis du progrès réfléchissent donc, que la religion catholique, ou, pour mieux dire, l'Eglise Romaine, n'a point échappé à la loi de son évolution ; elle n'y échappera pas dans l'avenir. Elle finira, comme toutes les autres religions, par disparaître, léguant le meilleur de son fonds à un système nouveau de doctrines qu'on voit déjà poindre à l'horizon.

Et voit-on bien maintenant les dangers que depuis longtemps je ne cesse de signaler ?

Combien la société française est menacée ! L'ultramontanisme conduit, guidé par les Jésuites, a fait, depuis le coup d'Etat du Deux-Décembre, d'immenses progrès. Oui, quoi qu'on en dise, le danger est grand, nous en voyons tous les jours les preuves. L'entreprise des cléricaux du Nord est bien faite pour nous ouvrir les yeux. Les ouvriers qui ont pu se laisser entraîner par les meneurs du Boulangisme et aujourd'hui par les théories anarchistes doivent, en considérant la campagne faite au nom de Notre-Dame-de-l'Usine, comprendre de quelle façon ils seraient traités si jamais arrivait au pouvoir ce parti sans nom, qui ne reçoit son mot d'ordre que du général des Jésuites. Alors adieu leur liberté et leur indépendance si chèrement conquises! Comme des ilotes, comme des parias, ils seraient mis au ban de la société, et pour pouvoir donner un morceau de pain à leurs enfants, ils seraient obligés, la plupart, de mentir à leur croyance, à leur conscience, — ce bien le plus précieux de l'homme — pour devenir de plats valets de tyranneaux de sacristie.

Et ces gens-là aspirent à nous gouverner! O honte! Mais que deviendraient alors le grand renom, la vieille gloire de la nation française? Il faudrait faire litière de nos belles qualités de franchise et d'honneur pour nous laisser contraindre, nous des citoyens français, à nous espionner les uns les autres.

Le cœur des libéraux, des patriotes, des républicains, doit saigner, en voyant les progrès fait par le Cléricalisme.

Cependant, j'entends journellement de braves et sincères républicains vous dire : Ne vous occupez pas de ces gens-là. La séparation des Eglises et de l'Etat les mettra dans l'impossibilité de nuire à la République.

C'est une grande erreur.

Nul n'est plus partisan que moi de cette séparation, mais je ne crois pas le moment propice pour la faire.

C'est par l'éducation de la jeunesse française que les cléricaux espèrent reprendre le pouvoir; c'est pour conserver nos lois scolaires et notre Université qu'il faut lutter contre eux, lutter sans cesse, lutter toujours.

Le jour où la nation connaîtra bien le clergé de France et les cléricaux, le jour où elle sera assez instruite pour bien les juger et les comprendre, ce jour-là — dis-je — la séparation sera toute faite.

Il n'y aura pas besoin de Parlement pour la proclamer.

Léon PARLON.

TABLE DES MATIÈRES

Limoges. Imp. Ussel Frères.

www.ingramcontent.com/pod-product-compliance
Ingram Content Group UK Ltd.
Pitfield, Milton Keynes, MK11 3LW, UK
UKHW021055220726
13924UKWH00005B/2106

9 782019 953782